看哪哲学家

庞育川／著

KANNA
ZHEXUEJIA

长春出版社

全国百佳图书出版单位

图书在版编目（CIP）数据

看哪！哲学家/庞育川著. — 长春:长春出版社,2012.1
ISBN 978—7—5445— 2012—6

Ⅰ.①看… Ⅱ.①庞… Ⅲ.①哲学家—思想评论—世界 ②哲学家—生平事迹—世界 Ⅳ.①B1

中国版本图书馆 CIP 数据核字（2011）第 223815 号

看哪！哲学家

著　者:	庞育川
责任编辑:	王生团
封面设计:	尹小光

出版发行:**长春出版社**　　　　　　总编室电话:0431-88563443
　　　　发行部电话:0431-88561180　　读者服务部电话:0431-88561177
地　址:吉林省长春市建设街 1377 号
邮　编:130061
网　址:www.cccbs.net
制　版:恒源工作室
印　刷:长春市东文印刷厂
经　销:新华书店

开　本:787 毫米×1092 毫米　1/16
字　数:162 千字
印　张:16.5
版　次:2012 年 1 月第 1 版
印　次:2012 年 1 月第 1 次印刷
定　价:28.00 元

前言：哲学不是你想的那样

提到哲学你会想到什么？我曾经在网上就这个问题对我的学生做过一个调查。结果是，提到哲学，大部分人想到的是马克思老爷爷，想到的是枯燥乏味昏昏欲睡的政治课。哲学真的是这样吗？哲学到底是什么呢？或许哲学并不是你想的那样吧。

我们先来看几个问题吧：人生的意义是什么，你为什么而活着呢？死亡是什么，人死以后有灵魂吗？宇宙之外是什么，时间尽头是什么？我是谁，这个世界是真实的吗……怎么样，这些问题你都想过吧？只可惜大部分人想想也就算了，而少部分人却实在想不开，一直纠结于这样的问题，于是他们成了哲学家。这些问题都是一些根本性的问题，而哲学正是对这一类根本问题的终极追问。其实哲学的很多问题是我们在日常生活中习以为常，以至于视而不见的。我们都活得太久了，我们的见识太多了，已经没什么东西能引起我们的惊叹了。而哲学家却始终保持一颗赤子之心，用婴儿的眼睛去看这个世界，对这个世界充满惊异。这是哲学的气质。

那这种追问有什么用呢？哲学有什么用呢？很抱歉，哲学没什么用。哲学只能使人迷惑、痛苦、沉重。你想呀，一个人本来小日子过得好好的，非得去想死亡是什么，时间尽头是什么，多纠结啊！多沉重啊！而且这些东西大概永远也没有答案，多迷惑啊！多痛苦啊！哲学永远没有正确答案，哲学永远在路上。那为什么还要有哲学呢？那为什么还要去了解哲学呢？这大概算人类的原罪了吧。人生在世，怎么可能不去考虑那些终极问题呢？人是有限性的存在，却总是向往永恒，总是趋向永恒的探索，这是人的天性，也是人之为人的标志吧。一个只会埋头苦干，不会抬头看天的人是悲哀的；一个只会低头走路，不会仰望星空的民族是悲剧的。我想，这世上总有一些东西是不应该用"有没有用"来衡量的吧。

　　其实当然不必人人都成为哲学家，但人人都学一点哲学却是有必要的。学什么呢？学那一串串名字？那当然是有好处的，动不动从嘴里冒出点儿苏格拉底、柏拉图什么的，你就不再是美女了，从此你华丽变身为"知性美女"。但哲学从来不是用来炫耀的。我想，哲学应该是有一种精神的，学哲学，实际上就是要体会一种哲学的精神。到底什么是哲学精神，在我眼里，那就是：独立自由之精神、开放包容之胸襟。永远不人云亦云，永远不屈从于权威、舆论，永远有一颗博大包容的心，这应该是哲学教给我们的。

　　所以我只想为你讲一讲哲学家的故事，因为在那些故事里有哲学的精神。

目 录

Part 2　中世纪与近代西方哲学家

Part 3　现代西方哲学家

Part 4　中国哲学家

Part 1

古希腊罗马哲学家

01. 泰利士

泰利士其人

泰利士

　　泰利士（Thales，又译泰勒斯，约公元前624年~公元前546年），公元前7至6世纪时期的思想家、科学家，希腊最早的哲学学派——米利都学派（也称爱奥尼亚学派）的创始人。泰利士是古希腊及西方第一个有记载、有名字留下来的哲学家，被称为"科学和哲学之祖"。他认为"水"是万事万物的本源。

发大财的哲学家

　　"哲学有什么用？"几乎每一个哲学家都被问过这样的问题。而泰利士显然是第一个被问到的人。

　　当普拉克夏德问出这句话的时候，泰利士正坐在爱琴海边的岩石上，望着水里不断泛出的泡沫。米利都确实是个舒适的地方，整个城市似乎都氤氲着爱琴海的水汽，温暖而湿润。

　　"水是最好的。"那天泰利士一边看着泡沫，一边对普拉克夏德说。

　　"是的是的，水是最好的。"普拉克夏德不耐烦地说。他对泰利士的那套说辞早已经烂熟于心了：水是万事万物的本源，万事万物来源于水，最终又复归于水……

　　"可是哲学有什么用？能帮你赚钱？"

　　"没错！"泰利士愤愤地丢下两个字，爬起来拍拍屁股走了。

　　"越来越古怪了。"普拉克夏德一边嘟囔着一边舒服地在岩石上躺了下来。

泰利士又抬头看了看泛红的夜空和猎户星座冥灭不明的第三颗星，对面前的人说："是的，租下全城的榨油作坊。"

在冬天还没有一棵橄榄树抽芽的时候就租下所有的榨油作坊，这很难说不是一个书呆子加偏执狂式的疯狂举动。

小亚细亚半岛西海岸的春天温暖而漫长。又是一个橄榄大丰收的年份，米利都到处能看见顶着蓬松枝条的粗壮橄榄树和树下忙着摘橄榄的人。他们这会儿还不知道，当自己扛着一袋袋油橄榄去榨油作坊的时候会发现，全城所有的作坊都租给了一个叫泰利士的人，并且今年使用作坊榨油的价格要比往年高出许多。

泰利士坐在爱琴海边的岩石上，看着水面的泡沫，又陷入了关于水的沉思。

掉到坑里的哲学家

泰利士是个古怪的人。每天晚上吃过饭，他都要背着手、仰着头在街上瞎逛，游魂一样绕着米利都城一圈又一圈，像是着了魔。起初人家以为他喝多了，后来发现不是这么回事儿，因为他天天如此——当然，下雨天不算。也有人去问过他，说，泰利士啊，你每天晚上逛来逛去的做什么呢？泰利士总是瞥一眼说话的人，然后自顾自地继续游荡去了。任何奇怪的事儿，时间长了也就不值得大惊小怪了，米利都全城的人都知道，每天太阳落山以后，就到了泰利士先生的游荡时间。

这天晚上，泰利士换上新做的长袍，又背着手慢悠悠地踱出门去。

"看，又是那个天天晚上瞎逛的家伙！"几个女仆举着陶罐叽叽喳喳地一边笑一边说。泰利士狠狠地瞪了她们一眼，女仆们吓得一吐舌头，赶紧闭了嘴。

初夏的米利都已经有点儿闷热，但是晚间爱琴海的海风吹来，却着实让人舒爽。泰利士闭上眼深吸了一口气，然后抬起头，边走边凝望着头顶的天空。这星空总是让泰利士痴迷：深蓝深蓝的夜空那么深邃，好像永远没有尽头；而那些或明或暗的星星斑斑点点，似乎是想要暗示着什么重大的信息。每次仰望星空，泰利士都觉得自己变得很小很小，小得似乎快要消失，有时候又似乎变得很大很大，大得如同这个宇宙。

"那颗星比昨天更亮一些了。"泰利士仰着头出神地想着，却没想到危险就在前方！就在他前方十米的地方，一个大土坑笑眯眯地张着嘴巴。近了，更近了！泰利士一个趔趄，嘭的一声摔到坑里，地上顿时扬起一大阵灰尘。

"哈哈哈哈！"那几个举着陶罐的女仆憋了很久，终于还是忍不住大笑起来。一个女仆弯着腰笑得像是快要断了气，另一个胆大地指着泰利士说："原来你们哲学家只知道天上的事儿，却不懂脚底下的事儿啊！"

两千多年后，一个叫做黑格尔的德国人这样评价这个故事："一个民族只有拥有那些关注天空的人，这个民族才有希望。如果一个民族只是关心眼下脚下的事情，这个民族是没有未来的。"

生平和思想

泰利士是哲学家的祖师爷，被公认为西方最早的哲学家。他的哲学思想其实很简单：他认为水是万事万物的本源。所有事物都是水变的，最后也都会还原为水。

事实上，古希腊早期的哲学家们主要讨论的都是同一个问题："始基"——开始的始，基础的基。古希腊人觉得，尽管我们这个世界如此丰富多彩，但总有一个共同的本源，这就是"始基"。泰利士同学眼中的"始基"，毫无疑问就是"水"。

没错，泰利士只凭一个"水"字，就奠定了他西方哲学开山鼻祖的地位。所以如果可以穿越到古希腊，你一定也可以成为伟大的哲学家。但这种想法其实是很无聊的：没有必要苛责古人，人类总是在慢慢长大的。

泰利士生活在爱琴海东岸的一个城邦，叫做米利都。所以泰利士开创的那个学派被称为米利都学派。米利都学派除了泰利士以外，还有两个重要的哲学家。他们的名字很拗口，但是如果你可以很顺溜地念出他们的名字，一定相当拉风：阿纳克西曼德、阿纳克西美尼。他们一个认为"无定形"是万物的本源，另一个觉得"气"是世界的本源。

顺便说一句，泰利士之死充满了灰色幽默：这个一辈子都在强调"水"的人，在看奥运会的时候，被太阳晒干，活活渴死了。

02. 赫拉克利特

赫拉克利特其人

赫拉克利特（Heraclitus，约公元前530～前470年），古希腊爱菲斯（又译以弗所）人，爱菲斯学派的代表人物，古希腊最著名的哲学家之一，认为"火"是万物的本源。赫拉克利特的辩证思维对后世具有深远影响。著有《论自然》（仅剩残篇）。

幸灾乐祸的哲学家

赫拉克利特

"快看前面橡树下的乞丐！"赫尔谟多罗一惊一乍地扯着赫拉克利特的袖子："你看他是谁？"

赫拉克利特伸长了脖子夸张地睁大眼睛："是波吕格拉底，那个爱菲斯最大的贵族，不会错。他那个装满了愚昧荒唐的大脑袋我是不会认错的！"

"这么说他因为在战争中把情报出卖给波斯人而被没收全部财产的事是真的咯！"

"啊哈，这是爱菲斯人做的所有事里面唯一一个正确的。"赫拉克利特似乎对眼前的事情很高兴："这世界就是变幻不定的火焰，没有什么是不变的，富会变穷，穷会变富，这一秒是贵族，下一秒也许就变成了乞丐，谁知道呢！"

"你似乎很善于幸灾乐祸啊。"赫尔谟多罗对他这位刻薄的朋友显然有些不满。

赫拉克利特回头对赫尔谟多罗笑了笑："你看看这满大街的人，他们像牲畜一样吃饱喝足就满意了，你有必要对他们抱以同情吗？"

赫拉克利特大步地朝城外走去。爱菲斯红色的夕阳沿着树木和房屋蔓延开来，远远看去，整个城市像是在熊熊燃烧。

在牛粪中死去

一

"你有办法让阴天干燥起来吗？"

"啊？什么？"医生瞪大眼睛看着面前的这个人：面黄肌瘦，头发和胡子乱糟糟地打着结连在一起，长袍旧得早就看不出颜色，似乎轻轻一撕就要破掉……

"您刚才说什么？"医生又问了一遍。

"我说，你有没有办法让阴天干燥起来！"赫拉克利特不耐烦起来，他皱着眉大声地说。

"您看，我是个医生，我只会看病……您说的这个……我不懂……"这个穿得比乞丐还破烂的人却似乎有一种强大的气场，医生被压得喘不过气来，只好唯唯诺诺小声地应着。

"这都不会！"赫拉克利特恶狠狠地冲医生吼了一句，气呼呼地站起来走了。

"你有必要跟那医生打哑谜吗？"赫尔谟多罗急忙追着赫拉克利特说："你直接说你得了水肿病，有没有办法把水吸出来不就得啦！"

"这医生是个白痴！"赫拉克利特愤愤地说。

二

"滚开！"赫拉克利特大声喊道。

"我求你了！"赫尔谟多罗带着哭腔颤颤巍巍地说："你钻到牛粪里能有什么用啊！快出来吧！我们去找医生！"

"我叫你滚开，你听不到吗！"赫拉克利特吼了一声，想了想又低声补充道："你懂什么，牛粪的热力能把我身体里的水分吸出来！"

三天后，大哲学家赫拉克利特因患严重的水肿病，在牛粪中去世，享年 60 岁。

生平和思想

赫拉克利特出身很好，是古希腊爱菲斯城邦的王族，本来具有继承王位的资格，结果他把王位让给了兄弟，自己跑到一所神庙附近隐居起来。他在隐居的时候每天就吃点儿草根、树叶子之类的东西，结果营养不良得了水肿病。这时候亲爱的赫拉克利特充分发扬创造性思维，跑到牛圈里，想用牛粪的热力把身体里的水吸出来，这种办法显然无济于事，没多久他就撒手人寰，去世时大约 60 岁。据说他到死都没能从牛粪里面出来，最后尸体被野狗吃掉了。

赫拉克利特这个名字一般人多少都有点耳熟。如果不耳熟也没关系，他的那句话你一定听过：人不能两次踏入同一条河流。（后来赫拉克利特的一个学生又把这句话发挥了一下，说人一次也不可能踏入同一条河流。这句话成为哲学史上著名的笑柄：典型的狗尾续貂嘛！）赫拉克利特的意思是说，所有的东西既存在又不存在，因为一切都在流动，在不断变化，这一秒的东西和上一秒的东西不是一回事儿。所以如果我向赫拉克利特借了一百块钱，过了几天他向我讨债，我就完全可以对他说，啊，对啊，我是向几天前的赫拉克利特借了钱，又不是向现在的赫拉克利特借了钱。一切都在流动变化嘛，现在的赫拉克利特和几天前的赫拉克利特完全是两回事儿。所以你看，赫拉克利特的钱是很好骗的。

实际上，在两千多年前就认识到我们这个世界总是在流动变化的，我不得不说，赫拉克利特是相当给力的。并且他还提到，万事万物都有一个对立面，对立面之间还可以互相转化，比如说生和死啊，梦和醒啊。后人给这些变化的、对立统一的思想起了个名字，叫做"辩证法"。我很抱歉，这个词一定让你想起了不堪回首的政治课。

　　还记得"始基"问题吗？泰利士说水是"始基"，而赫拉克利特的答案恰恰相反，他说，"火"才是万物的本源，才是那个"始基"。古时候显然没有煤气灶、电磁炉什么的，他们没办法调"大火""小火"。一堆木柴烧起来的火一定是忽大忽小，变来变去。所以一向强调"变化"的赫拉克利特觉得"火"才是万物的本源。按他自己的话说，整个世界就是一团永恒的活火。赫拉克利特还做了个预言，说人类世界每隔 2.5 万年就要被大火烧成灰烬，然后再重新来过。谁也不知道这个预言能不能实现，但是另外一个类似的预言我们倒是有机会验证一下，在 2012 年的时候。

　　赫拉克利特还提出了一个对后世影响深远的概念，叫做"逻各斯"。他认为认识的根本任务就是把握这个"逻各斯"。但是"逻各斯"到底是个什么东西呢？赫拉克利特自己没说清楚，后人也为这个事儿吵个不停。这就像中国的"道"，"道可道，非常道"，"道"到底是个什么东西，谁也说不清楚。不过，"道"也好，"逻各斯"也好，你可以简单地理解为万事万物的发展规律。

03. 毕达哥拉斯

毕达哥拉斯其人

毕达哥拉斯

毕达哥拉斯 (Pythagoras，又译毕泰戈拉，约公元前 572 ~ 前 497 年)，萨摩斯岛人，古希腊著名的数学家、哲学家，毕达哥拉斯学派的创始人，认为"数"是万物的本源。

诡异的规矩

毕达哥拉斯回头看了看地面，倒退了两步，脖子努力向后伸，又把木牌上的字看了一遍：

毕达哥拉斯盟会日常守则

1. 不许吃豆子
2. 如果有东西掉到地上，不许捡起来
3. 不许去碰白颜色的公鸡
4. 不许把面包掰开
5. 不许迈过门闩
6. 不许用铁棍子拨火
7. 不许吃完整的一个面包
8. 不许碰花环
9. 不许坐在斗上
10. 不许吃动物的心脏
11. 不许走大路
12. 房里不许有燕子
13. 锅从火上拿下来的时候，不许把锅的印迹留在灰上，要赶紧

擦掉

　　14. 不许在光线旁边照镜子

　　15. 当你脱下睡衣的时候，要把它卷起，把身上的印迹抹平

　　"喏"，这个穿着宽大的白麻布衣服，一脸威严的人说。尽管地中海咸腥的海风已经在这个上了年纪的人的脸上刻下了道道沟壑，依然难以掩饰他昔日的俊美。"十五条，好数字。再把木牌插深一点。"

　　"是个好数字。"希帕索斯一边用石头敲打着木牌，一边费力地说。

　　毕达哥拉斯和他的门徒们除了要遵守一些奇怪的守则之外，似乎还对数字有种狂热的崇拜。

　　"记住，希帕索斯，只有数字才是万物的根本。"毕达哥拉斯眯缝着眼对着木牌若有所思地说。

干掉他

镜头一：夜晚，酒馆中

　　高个子：（满脸络腮胡，面容猥琐。小声地，神秘兮兮地）说嘛说嘛，你到底发现了什么？

　　希帕索斯：（显然已经喝多，醉醺醺地，含混不清地）哈！这可可可可是个惊天大秘密！（稍顿，打酒嗝）不过我不会告告告诉你的……不然我会没命的！哈哈哈！

　　高个子：（给希帕索斯倒酒。故意大声地、轻蔑地）呵，你就装吧，继续装！我看你什么也没发现！

　　希帕索斯：（喝酒，瞪大眼睛）我告诉你，说出来吓死你！（喝酒，稍顿）我发现有一个正方形的对角线长度……它不是整数，也不是有理数……（凑近大个子，小声地，神秘地）而是一个无限不循环的小数！

　　高个子：（面露喜色，偷偷奸笑，装作惊讶地）那岂不是跟师尊的说法相违背吗！

　　希帕索斯：（喝酒，压低声音）嘿嘿嘿，所以说，毕达哥拉斯，他错了！

镜头二：毕达哥拉斯的寝室

高个子：（恭敬地站着，小心地）……就是这样……

毕达哥拉斯：（眯眼，凝神许久，恶狠狠地）为了学派的声誉和稳定，没有别的办法了。（稍顿，下决心地）干掉他！

镜头三：大海，船上

希帕索斯：（手脚被缚，挣扎着，惊恐地）你这是干什么？快解开！

高个子：（大笑，凶狠地）干什么？送你去喂鱼！

（镜头转向海面，一个物体投入海里，浪花四溅。海面复归平静。）

邮票上的毕达哥拉斯

生平和思想

毕达哥拉斯出生在爱琴海上一个叫做萨摩斯的小岛上，老爸是个富商。他从小聪明好学，据说还到过巴比伦、埃及和印度学习。传说中的毕达哥拉斯神神叨叨，据说有一次他看见一个人在打狗，他赶紧跑过去喊："别打啦别打啦，我听出它的声音，我一个朋友的灵魂正附在这个狗身上！"他跟人家说自己是太阳神阿波罗派来的，借此网罗了一帮人，建立了一个哲学和数学学派，史称毕达哥拉斯学派。不过这可不光是一个普通学术团体，它还是个神秘的宗教团体，团体里有严格的纪律和禁忌。很多禁忌在今天看来实在是匪夷所思，比如说不能吃豆子，也不能踩豆子。毕达哥拉斯晚年得罪了人，被人追杀。杀手烧了房子，毕老先生被弟子们搀扶着跑出房子，跑到一片豆田边上，毕达哥拉斯为了遵守"不踩豆子"的戒律，只好停下，结果被追来的杀手活活打死。不过这种死法到底有多少可信度，今天实在难以考证了。

你应该看出来了，毕达哥拉斯觉得"数"才是万物的本源，数字创生了万物。这听上去有点儿匪夷所思，事实上毕达哥拉斯的哲学确实够神秘的。比如他说，每个人都有一个对应的数字，这个数字怎么算出来的呢？有办法的。你躺在地上，然后用笔勾勒出你的形状，接着你要做的就是站起来，去找各种石头块儿，用石头块儿把这片人形的区域填满。填满之后你数数看，一共用了几块石头，如果用了 250 块，恭喜你，你的属性就是 250。毕达哥拉斯还认为，"1"是数的第一原则，万物之母，也是智慧；"2"是对立和否定的原则，是意见；"3"是万物的形体和形式；"4"是宇宙创造者的象征；"5"是奇数和偶数，雄性与雌性的结合，也是婚姻；"6"是神的生命；"7"是机会；"8"是和谐，也是友谊；"9"是强大；"10"包容了一切数目，是完满和美好。

其实毕达哥拉斯老先生首先是一个数学家，他最早发现了黄金分割线，还有那个以他名字命名的定理：毕达哥拉斯定理。说到毕达哥拉斯定理的内容，中国人有个极其简练的表述："勾三股四弦必五"。没错，毕达哥拉斯定理就是勾股定理，实际上中国人在毕达哥拉斯之前很久就发现了这个定理。相传毕达哥拉斯老先生发现这个定理之后过于兴奋，喜悦之情无以言表，于是决定杀掉一百头牛来祭祀天神。可怜的牛……

如果毕达哥拉斯知道两千多年后的 21 世纪被称为"数字时代"，他一定会从坟墓里笑醒。我们今天确实常常把丰富多彩的世界简化成一串串数字，比如说女孩子去相亲，她一定会问，你多大年纪呀？月薪多少啊？房子多少平的？车子有几个轮子？你的手机号是多少？QQ 号多少？……这样你就可以了解一个人了？一个活生生的人被简化成了一串串数字，实在是悲剧。

我很喜欢法国作家圣埃克苏佩里的那个童话：《小王子》。其中我相当欣赏的一段话是这么写的：

"这些大人们就喜欢数字。当你对大人们讲起你的一个朋友时，他们从来不向你提出实质性的问题。他们从来不讲：'他说话声音如何啊？他喜欢什么样的游戏啊？他是否收集蝴蝶标本呀？'他们却问你：'他多大年纪呀？弟兄几个呀？体重多少？他父亲挣多少钱呀？'他们以为这样才算了解朋友。如果你对大人们说：'我看到一幢玫瑰色的砖盖成的漂亮的房子，它的窗户上有天竺葵，屋顶上还有鸽子……'他们怎么也想象不出这种房子有多么好。必须对他们说：'我看见了一幢价值十万法郎的房子。'那么他们就会惊叫道：'多么漂亮的房子啊！'"

看看吧，我们总是忽视了事物的本质，变成数字的奴隶。

04. 巴门尼德

巴门尼德其人

巴门尼德

巴门尼德（Parmenides of Elea，又译巴曼尼得斯，约公元前 515 年～前 5 世纪中叶以后），埃利亚（意大利南部沿海的希腊城市）人，古希腊哲学家，埃利亚学派的代表人物。他认为万事万物都是不变的，我们的认知是不可靠的。著有哲学诗《论自然》。

绮丽的梦

巴门尼德当然不可能想到，他兴之所至到雅典的一次闲逛，竟成了或许是哲学史上最著名的一次旅行。几十年后，一个叫做柏拉图的人以他的这次旅行为背景，写了一本名叫《巴门尼德篇》的书，这本书后来成为西方哲学中最重要的著作之一。

巴门尼德同样没有想到的是，自己在雅典如此受欢迎。一群热爱智慧的年轻人辗转找到了巴门尼德落脚的地方，请他讲讲如何找到真理。

即使隔了几千年，我们依然可以想象，一群热血沸腾、渴望了解宇宙真相的年轻人围坐在一个花白胡子的长者身边是怎样一幅动人的情景！

"能给我们讲讲您是怎么找到真理的吗？"人群中一个大概只有十岁的男孩子大声地问。

巴门尼德很高兴地笑了笑——像所有智慧的长者那样。如果当时他询问那个男孩叫什么名字的话，他会得到这样的回答："我叫苏格拉底，先生。"但是我们不确定巴门尼德问了没有。

"我来告诉你吧，孩子。在很多年前的一个晚上，是的，一个风雨交加的晚上，我独自一个人点着灯在屋子里看书，不知不觉地就趴在桌子上睡着了……"

"迷迷糊糊中我发现自己坐在一辆豪华的马车里，车前的四匹马撒开蹄子在路上狂奔。马车越跑越快，车轴已经被磨得滚烫，发出轰隆隆的声音。我什么都看不清楚，只听到风在耳边呼啸。我浑身瘫软地坐在车里，只是拼命地抓紧把手，生怕一不小心掉到车外去。"

"就在我被吓得魂飞魄散的时候，马车渐渐地慢了下来。我看见一条宽阔平坦的大道，大道两边站着很多漂亮的女孩子，在她们身后是白茫茫的一片云海。正在我迷惑不解的时候，马车停了下来。"

"面前是一扇巨大的铜门，我仰起头，根本看不见门有多高。门的前面站着一位女神，我认出来那是专司报应的女神狄凯。这个时候，原来站在路边的那些女孩子们跑了过来，围着女神狄凯，好像在哀求什么。最后，狄凯一挥手，那扇巨大的铜门轰隆一声，自己打开了。

"门里面一位女神向我迎了过来，她说：'年轻人，欢迎你来到真理的圣殿。把你引到这里的可不是什么鬼怪，而是你自己的努力。现在你听着，不要被你的眼睛耳朵迷惑，要相信自己的理智。这个世界就像铁块一样，是完整的，不变的，那些所谓的变化都是骗人的把戏。'"

"我刚想要开口对女神说些什么，就感觉背后有人推了我一把，接着我就醒了过来。原来我已经趴在桌上睡了一夜，醒的时候雨已经停了，天已经大亮。"

"好了，孩子，听懂了吗？"
苏格拉底懵懂地点了点头。

生平和思想

巴门尼德出生于埃利亚城邦的名门望族，年轻的时候也曾经积极从事城邦的政治活动，后来终于潜心于学术研究。关于巴门尼德这个人的生平，历史上的记载少之又少，他到底干过哪些事儿，谁也不知道。

　　巴门尼德说了一句著名的废话：存在的东西是存在的，不存在的东西是不存在的。这当然不是一句废话，巴门尼德说这句话的目的是为了解决赫拉克利特那一百块钱的问题：还记得吗？赫拉克利特说一切都在流变，此刻的你和上一秒的你完全是两码事儿。所以几天前的那个赫拉克利特借给我的一百块钱，我当然不用还给几天后的赫拉克利特。可是巴门尼德终于想到讨债的办法了，他说所谓的变化啊，运动啊，那都是假象，真正的"存在"是唯一的、永恒的，是不动的。在巴门尼德的眼里，整个世界就是铁板一块，存在就是存在，不存在就是不存在，那些个什么运动啊转化啊生成啊灭亡啊，都是在蒙人呢。

　　另外，巴门尼德还探讨了一个"真理"与"意见"的问题。所谓"意见"说白了就是感性认识，而"真理"则是理性认识。巴门尼德是史上第一个强调理性与感性区别的人。他认为"真理"高于"意见"，"意见"只能认识现象世界，"真理"才能认识本质世界，也就是说，感性是不可靠的，眼睛看到、耳朵听到的不一定是真的，只有靠理性才能找到世界的真相。

05. 埃利亚芝诺

埃利亚芝诺其人

埃利亚芝诺

埃利亚芝诺(Zeno,约公元前 490～前 425 年),埃利亚(意大利南部沿海的希腊城市)人,古希腊哲学家、数学家,埃利亚学派的另一代表人物,巴门尼德的学生,提出"芝诺悖论"以证明巴门尼德的观点。

哲学家的惨死

芝诺望了望斑驳的墙壁,继续对面前的几个人说道:

"所谓运动不过是骗人的把戏。运动中满是矛盾。"

"善跑的英雄阿基里斯永远追不上乌龟。他首先必须到达乌龟出发的地点。这时候乌龟已经向前走了一段路。于是阿基里斯又必须赶上这段路,但乌龟又会向前走一段路。阿基里斯总是越追越近,但是他永远也追不上乌龟。"

"好了,芝诺,"其中一个人说道,"你该休息了,明天还要开公审大会呢。"

"希望你明天好运。"另一个看守说。

监狱的灯很快就被吹灭了。

炎热的午后。埃利亚城市中心的广场上聚满了人。

"说!说出你的同谋!"独裁者声嘶力竭地吼道。

"我说过了,我的同谋是正义和真理。"被绑在石柱上的人冷冷地说。

愤怒的独裁者举起鞭子,狠狠地抽打起来。他实在没办法忍受面前这个密谋颠覆自己政权的人面对死亡和酷刑的冷漠态度。

"好吧，芝诺，再给你最后的机会，说出你的同谋！"独裁者把脸靠近芝诺，一字一顿、咬牙切齿地说。

"呸！"一个东西被吐在了独裁者的脸上。独裁者用拇指和食指拣起脸上热乎乎、软塌塌的东西仔细看了看，突然惊叫了一声，一把甩开。

地上，芝诺自己咬下的半截舌头还在微微颤动。

"把这个丧心病狂的人放进石臼里捣碎！"恼羞成怒的独裁者扯着嘶哑的嗓子叫道。

围观的人群被这血淋淋的场面激怒了，那里正在酝酿一场新的风暴……

生平和思想

撞衫是一件很悲剧的事情，不过比撞衫更悲剧的是撞名字——尤其是当两个人都是哲学家的时候。古希腊就有两个同名同姓的人，都叫"芝诺"，一个是埃利亚学派的，一个是斯多葛学派的。我们先来看看巴门尼德的学生，埃利亚人芝诺。我需要坦白的是，其实这个芝诺并没有多少原创性的见解，他毕生的精力就是为了证明他的老师巴门尼德的学说，证明"运动"是假的——真是个好学生啊！芝诺同学证明的方式很特别，他总是提出一个又一个的悖论。

悖论是个很诡异的东西，明明前提和推理没什么漏洞，结果却得出个匪夷所思自相矛盾的结论。比如说下面这个例子：

下面这句话是真的。

上面这句话是假的。

怎么样，看出来没有？如果第一句是真话，那么第二句就是真话，如果第二句是真话，那么第一句又应该是假话。如果第一句是假话，一样也会得出个自相矛盾的结果来。这就是最典型的悖论……你确定没被我弄晕？

芝诺就是靠提出悖论来否定运动的。每次我都非常害怕讲这些著名的悖论，因为要把它讲清楚对我来说实在是一件极其艰难的事儿。我试着讲给你听，如果你听得懂最好，听不懂也没什么大碍，千万别不停地想，想得走火入魔睡不着觉就太不值了：

这个悖论叫"阿基里斯与乌龟"：古希腊有个大英雄叫做阿基里斯，这个人没什么其他本事，就是会跑，跑起来飞快。阿基里斯这人忒不地道，有一次他想起了世界著名慢跑选手：乌龟。于是阿基里斯决定跟乌龟比比谁跑得快——您说这有意思嘛……阿基里斯假装很大度，说，乌龟你跑得慢，我让着你，免得你说我欺负你。这样，你先跑，跑了 100 米我再跑。假设跑道为 200 米，阿基里斯的速度比乌龟快十倍。乌龟跑到 100 米的时候，阿基里斯开始追了。当阿基里斯跑到 100 米那里时，乌龟已经又跑了 10 米；当阿基里斯跑到 110 米那里时，乌龟又跑了 1 米；当阿基里斯跑到 111 米那里时，乌龟又前进了 0.1 米……跑啊跑啊，诡异的事情发生了……阿基里斯发现，尽管他和乌龟之间的距离越来越近，但是好像……怎么……似乎……永远也追不上乌龟。

怎么样，看出问题没有？理论上来看，似乎阿基里斯怎么也不可能追上乌龟。但是很显然这和我们的常识不符合。这就是悖论啊，诡异的悖论。

其实芝诺最著名的悖论有四个，除了"阿基里斯与乌龟"之外，还有"两分法悖论""飞矢不动悖论"和"游行队伍悖论"。"两分法悖论"是说，一个人从 A 点走到 B 点，要先走完路程的 1/2，再走完剩下总路程的 1/2，再走完剩下的 1/2……如此循环下去，永远不能到终点。实际上这事儿咱们中国人也很清楚，《庄子天下篇》中就提出："一尺之棰，日取其半，万世不竭。"说的也是这个意思。

"飞矢不动悖论"说的是，一支飞行的箭是静止的。由于每一时刻这支箭都有其确定的位置因而是静止的，因此箭就不能处于运动状态。

"游行队伍悖论"又叫"运动场悖论"，是个更复杂的悖论，我们就不啰唆啦，反正芝诺最后得出的结论是：一半时间和整个时间相等。

好吧，晕了没？芝诺提出这些悖论的目的就是为了告诉我们：你们看，运动是自相矛盾的，是假的，没有什么运动，万事万物其实都是不动的！这正是他的老师巴门尼德的观点——真是个好学生啊！

06. 恩培多克勒

恩培多克勒其人

恩培多克勒

恩培多克勒 (Empedocles，又译恩披里可，约公元前 495 或 492 或 490 ~约公元前 435 或 432 或 430 年)，西西里岛人，古希腊哲学家，提出"四根说"，认为水、火、土、气为世界的本源。

诡异的失踪

"新华社 2007 年 9 月 5 日电：9 月 4 日，意大利西西里岛东部的埃特纳火山喷发，涌出大量岩浆。埃特纳火山是一座活动频繁的火山，每隔几个月就会出现活动迹象。"

电视上，炽热的岩浆从山体中喷薄而出，火焰映红了整个夜空，远远看去，像一只浴火的凤凰展开了翅膀。画面深处的城市依然繁星点点，仿佛火山上只是在进行一场壮观的焰火表演。

埃特纳火山，这个名字却让我隐约想起了一个亡者永生的故事……

今年正好是奥林匹亚赛会年，很多人动身去了希腊，本来就很冷清的埃特纳火山更是看不到几个游人。

恩培多克勒他们可以算是很有雅兴了，几个人顶着炎炎烈日，在半山腰走走停停。

"所以我说，万事万物，都是由水、火、土和气这四样东西组成的。'爱'和'恨'这两种力量控制着四个元素的聚合。每个事物中水、火、土、气的构成比例不同，所以事物也就有了千差万别。"恩培多克勒捋着柔软的白发说。

"也就是说，人和乌龟的区别就在于水多一点，或者火少一点咯！"朋友中一个比较年轻的说。

恩培多克勒停下脚步，用一种奇怪的腔调说："不要以为我说的是无稽之谈。我还可以向你证明，人是永生的。人们所说的死亡，不过是各种元素的分离重组罢了。"

"找到没有？"

"没有。"

"你那边呢？"

"没有啊。"

恩培多克勒消失了！就在这山上，凭空消失了！

"快看，这是他的鞋子吗？"

"好像是的。"

朋友们只在火山口找到了他的一只鞋子，从此再也没有人见到过恩培多克勒。

有人说，恩培多克勒窥探到了宇宙的秘密，已经成了神；也有人说，恩培多克勒为了证明他的永生，跳进了火山口，烧成了灰烬；更多的人只是耸耸肩：谁知道呢。

谁知道呢。

生平和思想

恩培多克勒生于意大利西西里岛南部沿海一个叫阿克拉加斯的地方。这家伙年轻的时候是个愤青，对城邦统治者左看右看都不爽，于是策动了一场推翻暴君的政变。政变成功后大家准备推举他做国王，这时候恩培多克勒大侠挥一挥衣袖，飘然而去，回家研究哲学去了。

恩培多克勒和他的前辈们一样，以研究"始基"——也就是世界的本源问题为己任。关于"始基"问题，公说公有理，婆说婆有理，泰利士说是水，阿纳克西美尼说是气，赫拉克利特说是火，吵了半天完全没有头绪。恩培多克勒实在受不了了，他说，对对对，你们说得都对……但是……你们看，世界这么丰富多彩，怎么可能只有一种本源呢，显然有很多嘛，至少有四种：水、火、土、气。这就是恩培多克勒的"四根说"。四种本源以各种不同的方式互相结合或者分离，组成了万事万物。有一种力量使得四种本源互相融合，那就是"爱"。而另一种力量使得四种本源分离，那就是"恨"。啊，原来是爱恨情仇使得这个世界丰富多彩啊！这个说法足够浪漫，但是貌似未必靠谱吧……

07. 阿那克萨戈拉

阿那克萨戈拉其人

阿那克萨戈拉（Anaxagoras，约公元前 500 年～前 428 年），古希腊哲学家，主要生活在雅典。他提出"种子"说，认为万事万物由"种子"构成。著有《论自然》（仅留残篇）。

阿那克萨戈拉

越　狱

"犯人阿那克萨戈拉，在全城青年中宣扬异端邪说，妄言万物皆是由与自身性质相同的各种微小种子构成的，事物的变化则是由一个所谓的'心灵'推动。"审判官念到这里，剧烈地咳嗽起来。

"真是荒唐，难道说肉就是由无数个微小的肉的种子构成的？"场下有人窃窃私语。

"阿那克萨戈拉的这种蛊惑人心的邪说严重地亵渎了神灵，在城中造成了极坏的影响。经讨论，公民大会一致同意，将阿那克萨戈拉处死！"伯利克里颓然地坐在凳子上。

正是这个坐在凳子上的老人，以他的半生心血，带领雅典人建立了民主制度，打败了斯巴达的武士，征服了希腊诸岛，使雅典成为一个数千年后仍令人魂牵梦萦的地方。但是他没有想到，在自己年老体衰的时候，也就是这些雅典的公民，开始调转矛头，把剑指向了他身边的人。

先是他的女友。伯利克里不得不低声下气地向公民们苦苦哀求，使自己的女友免于被判死刑的厄运。而现在，阿那克萨戈拉，这个伯利克里多年的老友、雅典的第一个哲学家，也将要以渎神的罪名被处死。

阿那克萨戈拉想不明白，种子说和渎神有什么关系。不过现在再想已经没有什么用了，明天，那些疯狂的雅典人就要将他处死，他身上的那无数个肉的种子、骨头的种子、血液的种子也将要分离开来，在"心灵"的推动下，重新组合。

"或许我手上的这些肉种子，几天后会出现在一头牛犊的屁股上。"阿那克萨戈拉苦笑着自言自语。

"我们很快就会出来的。"外面有人喊了一句。

监牢的门开了，火把的光亮照得阿那克萨戈拉睁不开眼睛。

"好了，什么都不要说了，伯利克里派我来救你出去。现在你换上我的衣服，然后跟这些人出去。"

阿那克萨戈拉还没来得及说点什么，就被人胡乱地套进了另一套衣服里。

兰帕萨克的阳光远没有雅典那么明媚，却比雅典温暖得多。阿那克萨戈拉平躺下衰老的身子，沉沉睡去。

生平和思想

阿那克萨戈拉是雅典人，并且是雅典伟大领袖伯利克里的死党。伯利克里是雅典最有名的政治家，几乎可以说是他一手造就了雅典高度的民主繁荣，雅典在他手上达到了极盛。

我不知道你第一次听说"希腊"和"雅典"这两个词是在什么时候。我最早是小时候看那部著名的动画片《圣斗士星矢》时听说的（我先害羞下）。什么？你没看过？那我只能说我们有代沟了——我们80后都是看这个长大的。也就是从那个时候开始，我对希腊、雅典心向往之。曾经有人问我，如果可以随便穿越的话，你愿意穿越到什么时代，什么地方。我的回答毫无疑问，古希腊。你一定看过断臂维纳斯、掷铁饼者，你一定见过帕提农神庙、古希腊剧场，你一定听过苏格拉底、柏拉图、亚里士多德，想想吧，这里面哪一个名字不叫人心驰神往啊。你看看维纳斯柔美的线条，掷铁饼者纤毫毕露的肌肉，那真是美啊！还有雅典的公民大会，还有奥林匹亚的运动盛会，还有宏大的剧场、宽大的长袍、蔚蓝的爱琴海和嫩绿的橄榄树……

啊啊，我又开始神游了，赶紧回来，我们要讲的是阿那克萨戈拉。阿那克萨戈拉的学说被称为"种子说"。他认为万事万物都是由"种子"构成的。这个"种子"是无数个肉眼看不见的微粒。关键是这个"种子"的形状相当有创意：阿那克萨戈拉说，有多少种物体，就有多少种形状各异的"种子"。这也就是说，我是由无数个极其微小的跟我长得一样的人形"种子"构成的，而猪是由无数个极其微小的猪形的"种子"组成的。这个匪夷所思的说法向来被后人嗤之以鼻，不过，你不觉得这个"种子"有点儿像"基因"吗——几乎你身体的每一寸地方都包含着同样的基因，每一个基因都可以复制出一个完整的你。所以永远不要嘲笑别人的观点，因为你永远不知道真理到底在哪一边。

阿那克萨戈拉还创造了一个概念，叫做"奴斯"，翻译成中文就是"心灵"。他说这个"奴斯"推动了"种子"的组合和分离，从而推动了万事万物的运动变化。这就是阿那克萨戈拉眼里的世界图景。当然啦，阿纳克萨戈拉还有很多很有创意的想法，比如说，他认为地球是一个圆柱体，太阳是一块烧得又红又热的石头，比希腊大不了多少。

08. 德谟克利特

德谟克利特其人

德谟克利特

德谟克利特（Demokritos/Democritus，约公元前 460 ~ 前 370 年），阿布德拉人，古希腊唯物主义哲学家，原子唯物论学说的创始人之一。他认为万物的本源是原子和虚空。原子是不可再分的物质微粒，虚空是原子运动的场所。人们的认识是从事物中流射出来的原子形成的"影像"作用于人们的感官与心灵而产生的。著有《宇宙大系统》《宇宙小系统》等。

惊天大逆转

阿布德拉的公民广场上骄阳似火。审判刚刚结束，人群已经散得差不多了。穿着白色长袍、满脸汗涔涔的法官展开羊皮卷，又看了一遍审判记录：

法官：被告人阿布德拉公民德谟克利特道德败坏，自继承 100 塔仑特遗产后，不思安心度日，反而随意挥霍浪费，四处游历，对族中事务不加理会，使家中花园荒废。此种行为已构成"挥霍财产罪"，根据本城法律，当剥夺一切权利并驱逐出城。被告对此可有辩解？

德谟克利特：各位公民，从希腊到波斯，从地中海到红海，我漫游了世界的绝大部分土地，探索了最遥远的地方，我到过最多的国家，听过最多人的演讲，我知道最离奇的故事，学会最丰富的知识。这些难道是 100 塔仑特所能买到的吗？最重要的是，我了解了世上最根本的知识：世上只有两样东西——原子和虚空。原子是微小的颗粒，无数的原子存在于虚空之中。正是原子构成了万事万物。这就是世界的根本知识，是哪怕用整个城邦也交换不来的知识！现在请大家仔细倾听我的著作，然后再进行你们的审判。

（以下宣读德谟克利特的著作）

法官：现在请公民大会就德谟克利特"挥霍财产罪"一案进行投票。

（公民大会投票）

法官：现在宣读公民大会判决结果：公民德谟克利特游历四方，获得了常人难以企及的丰富阅历，给阿布德拉带来了真理和知识，为城邦做出了重要贡献。公民大会决定赐予德谟克利特 500 塔仑特，以奖赏他作出的贡献。

"情况属实。"法官一手遮着阳光，一手在羊皮卷的右下角签上了自己的名字。

神　算

这一年的天气出奇地热。连续很多天没有下雨，太阳白花花地照在地上，晃得人眼晕。即使一阵海风吹来，空气里也是滚烫的，吹得人喘不过气来。几个农夫垂着头坐在树荫里的石头上休息，在他们身旁是刚收割的麦子，堆得老高。

那时候德谟克利特刚从国外回来。这一趟他游历了埃及、埃塞俄比亚、波斯，还有印度。德谟克利特曾经也是个书呆子，但是他越来越觉得书本上的东西太过苍白。这些年他东游西逛地去了不少地方：去埃及跟祭司们学习几何，去波斯研究星象，去印度跟裸体的智者们交谈。当你读遍了天下的书，踏遍了天下的土地，看遍了世间的是是非非，你会发现这世界变得如此宁静。

德谟克利特走过这片农田的时候，几个农夫还坐在大石头上咒骂那该死的天气，收割的麦子堆得老高。

"嘿，老哥！"德谟克利特挥着手冲农夫喊道："赶紧把稻子收起来吧，要下雨啦！"

"别开玩笑啦！"一个年纪大的农夫喊着："这个见鬼的天气，要真会下雨就好啦！"

"你看东边的云！马上要下雨啦！"

"行啦，一会儿就搬！"一个年轻的农夫喊道。

德谟克利特摇摇头接着往前走，天边一片乌云渐飘渐近。

纸币上的德谟克利特

生平和思想

你想想，两千多年前，德谟克利特就创造了"原子"的概念，实在太伟大了。我有时候都怀疑，他会不会是现代人坐了时空穿梭机回到古希腊的。

德谟克利特是一个相当博学的人，除了哲学以外，他在很多学科领域都很有建树。他是一个资深驴友，热衷于去世界各地旅行，曾经到过埃塞俄比亚和印度一带，这在当时看来，无异于去月球旅行。德谟克利特有一个很有创意的习惯，他喜欢一个人躲在安静的墓地，躺在棺材里面思考问题，他说那个地方可以激发他思维的火花——真乃神人也……据说他晚年的时候自己把自己的眼睛刺瞎了——为了防止感官刺激蒙蔽自己的理智。这个故事还有个更八卦的说法：德谟克利特刺瞎双眼是因为他年纪太大了，每天看到那么多美女，却没办法爱她们，还不如眼不见为净。

你已经了解，德谟克利特赢得了那场著名的官司，他从此变成有钱人，可以随心所欲地从事他的探索奥秘的事业。他一直活到109岁，死后全城人倾巢而出，为他送葬。我一直觉得，德谟克利特是史上最幸福的哲学家。

德谟克利特提出了原子和虚空的概念。他说万事万物都是由"原子"构成的，而这个"原子"跟阿那克萨戈拉的"种子"不同，所有的"原子"都是同质的，一模一样的。原子在"虚空"里面运动。

现在我们可以回忆一下，从古希腊的第一个哲学家泰利士，一直到德谟克利特，他们思考的核心问题都是"始基"问题，是万事万物的本源问题，探索的都是我们身外的这个自然世界的奥秘。所以，后人把他们的哲学称为"自然哲学"。如果你记性足够好的话，你应该还记得，他们所认为的世界的本源是什么：水、气、火、数、种子、原子……发现什么问题没有？这些万物的本源，从最最感性的，触手可及的水，一路向着抽象的目标行进，一直到原子，已经变成我们没办法看到摸到的东西了，这正是古希腊哲学不断向前发展的证据。人类文明啊，有时候就像一个人，在一点一点地慢慢长大。

09. 普罗泰戈拉

普罗泰戈拉其人

普罗泰戈拉（Protagoras，约公元前 490 或 480 年～前 420 或 410 年），阿布德拉人，古希腊哲学家，智者派的主要代表人物，是当时最受人尊敬的"智者"，认为"人是万物的尺度"。

普罗泰戈拉

千万别和哲学家打官司

如果早知道事情的结果，普罗泰戈拉是绝对不会收欧提勒士这个学生的。但也很难说——哪个老师不希望自己的学生青出于蓝呢？

事情还要从两年前说起。虽然普罗泰戈拉以给别人教授论辩术为生，但他对招收学生也不是毫无选择的。当欧提勒士找上门来的时候，普罗泰戈拉对这个略显轻浮的年轻人并不满意。最终促使普罗泰戈拉决定收下这个学生的原因是，年轻人对普罗泰戈拉的学说出奇地熟悉：

"'人是万物的尺度'，说得太对啦！事物哪有什么绝对的真假对错！同样的天气，有的人说热，有的人说冷，哪有什么对错之分！"

（如果欧提勒士活到今天，他或许会说，瞧，有一千个读者，就有一千个哈姆雷特。）

普罗泰戈拉留下这个年轻人，还有另一层原因：欧提勒士答应学成以后，会给老师一大笔钱作为学费。不过他们约好，这笔学费必须等到欧提勒士第一次打赢官司的时候再交。对于专门来学习控辩技术的人来说，这个条件倒并不过分。

普罗泰戈拉没想到的是，这个学生毕业之后，一直没有帮人打过官司。已经揭不开锅的普罗泰戈拉只好把自己的学生告上法庭，要求他支付学费。

"如果欧提勒士打赢了这场官司，按照约定，他应该付给我学费；如果他输了官司，那么按照法庭的判决，他也应该支付给我学费。所以无论如何，我都应该得到学费。"普罗泰戈拉在法庭上振振有词。

"正如我的老师所说的，如果我打赢了这场官司，按照法庭的判决，我不需要支付学费；如果我输了官司，那么按照约定，我也不需要支付学费。所以不管结果如何，我都不需要支付学费。"欧提勒士不慌不忙地说。

普罗泰戈拉惊得张大了嘴。

但我们或许更应该同情法官：这毫无疑问是一个无解的悖论。或许法官自掏腰包，向普罗泰戈拉支付学费才是唯一的解决办法。

所以千万别和哲学家打官司。

生平和思想

古希腊是个高度民主的地方，城邦的重大事务都是由公民大会投票决定的。所以在这个地方，你只要有高超的辩术，可以说服别人投你的票，你几乎就可以办成任何事情。于是在古希腊出现了那么一帮人，专门以教人家怎么辩论为生，这些人被称为"智者"。这些人是我的祖师爷——史上最早的教师。

不过这些祖师爷们名声可不大好。他们只管辩论的技术和华丽的语言，至于你要辩论的内容他可管不了。在他们那里没有什么善恶是非，只要对他们有利，完全可以把白的说成黑的，黑的说成白的。普罗泰戈拉和他学生的这场观赏性极强的诉讼就是最典型的智者作风。

普罗泰戈拉是"智者"中最著名的人物。关于普罗泰戈拉，你只需要记住一句话："人是万物的尺度。"在他看来，事物根本没有什么真假对错，"人"才是衡量一切的标准。这里的"人"指的是"个人"。萝卜青菜各有所爱，每个人眼里的世界都是不一样的，所以世界自然没有什么统一的标准。

在普罗泰戈拉之后，智者里面还出了个很有名的人，叫做高尔吉亚。高尔吉亚提出了三个命题：

第一，这个世界上根本没有东西存在；

第二，就算这个世界上有东西存在，我们也没办法认识它；

第三，好吧，就算你能认识它，你也没办法把你的认识告诉别人。

怎么样，你能证明他说错了吗？我们这个世界真的是存在的吗？或者只是你的想象？你看过《黑客帝国》没有？里面的很多人都自以为生活在现实世界中，其实他们只不过是个电脑程序。或者你一定看过《盗梦空间》：谁也不知道自己在第几层梦境之中。梦境有时候比现实来得更真实。

这让我想起"庄周梦蝶"的故事：庄子躺在床上睡午觉，梦见自己变成一只美丽的蝴蝶，在五彩缤纷的花丛中自由地飞啊飞啊飞啊，真是开心……飞了一会儿，庄子猛然惊醒，随后就怅然若失，他自言自语道：到底是我庄子梦见了那只蝴蝶呢，还是那只蝴蝶梦见了庄子呢？哪一个是梦境哪一个是现实？人生如梦啊……这是古代版的《盗梦空间》。

又或者像王阳明说的，你转过一个山谷，看见一朵花开，当你离开山谷，那朵花和周围的一切便也都归于沉寂了——这世界只在你的心中。

还有一部金凯瑞演的电影，叫《楚门的世界》：楚门从小生活在一个岛上，从来没有离开过这个岛。他每天很开心地过着普通人的宁静生活。而其实呢，这是一个巨大的骗局，楚门身边所有的人，包括他的父母妻子同事朋友，甚至路人，都是演员假扮的，楚门的生活就是一场真人秀节目，他的生活里到处都有隐藏的摄像机，只有楚门自己不知道真相。这真是一个寓言性的故事啊，我们这个娱乐至死的时代，连人的生活、情感都可以拿来娱乐娱乐。我小时候就有过类似的想法：有没有可能我的生活都是假的？有没有可能周围所有的人都不过是群众演员，他们合谋为我构造了一个虚假世界。

对你来说，这个你每天身处其中的世界是多么熟悉呀。可是你有没有想过，这一切真的是像你过去坚信的一样，是真实的吗？你又如何证明呢？让我们用一个孩子的眼光重新打量这个世界吧，抛开成见，永不轻信。

10. 苏格拉底

苏格拉底其人

苏格拉底

苏格拉底（Socrates；公元前 469 ～前 399 年），雅典人，古希腊著名的思想家、教育家，西方哲学的奠基者，和柏拉图、亚里士多德并称为"古希腊三杰"。苏格拉底把哲学的目光从自然界拉回到人本身，强调对人的认识。苏格拉底的思想主要记述在其弟子柏拉图和色诺芬的著作中。

怕老婆的哲学家

"你看路边上的这棵树，它活着有目的吗？"苏格拉底笑眯眯地问。这个浑身脏兮兮，蓬头垢面、破衣烂衫的矮个子站在雅典最繁华的路中间，边上围着三两个年轻人。

"喂，老头儿，让一下！"

苏格拉底显然站的不是地方，已经第六个人皱着眉冲着这个臭烘烘的家伙嚷嚷着要他让开了。不过苏格拉底倒是不在意，他只是稍微挪了挪身子，还是笑眯眯地对身边的年轻人说："我在想，这棵树从一颗种子慢慢发芽长大，一直到现在这个样子，是不是总有个什么目的催促着它呀？"

一个年轻人嘴唇努了努，刚想说话，却突然愣住了。他目光越过苏格拉底，死死地盯住一个地方，眼睛瞪得老大，两颊微微抽搐着想说什么，终于还是什么也说不出来。苏格拉底眼见着这个年轻人的表情，顿时感到脊背发凉，他不敢回头，只是站着一动不动，等着灾难的降临。

　　既然是灾难，大抵是躲不过去的。苏格拉底看见地上出现一片阴影，紧接着就是一阵晴天霹雳："苏格拉底你个老不死的东西我说你去哪儿了原来又跑到街上来跟人家瞎吹牛家里已经揭不开锅了人都要饿死了你还跑出来瞎吹牛这个家你到底是管不管了，管——不——管——了！"

　　苏格拉底闭着眼睛等了好一会儿，确定那阵晴天霹雳终于过去，才又慢慢地睁开眼睛，小心地回头去看，赞替帕已经调转身子往回走了。苏格拉底松了口气，突然又得意起来，他笑嘻嘻地跟几个年轻人说："你们看，擅长骑马的人都会找烈马来骑，骑惯了烈马，其他普通马都不在话下啦。找老婆也一样啊！找老婆也得找赞替帕这样的悍妇，连悍妇你都能忍受了，这世上基本上没什么事儿你是忍受不了的啦！"

　　几个年轻人哈哈笑起来，不过刚笑了几声就停住了，他们表情复杂地看着苏格拉底的背后。苏格拉底顿时感到不妙，他预感到这一次的灾难比刚刚那场还要巨大，于是苏格拉底鼓足勇气回过头来，只看见赞替帕恶狠狠地举着一个木桶站在面前。

　　"不……"苏格拉底没有说话的机会，整整一桶的水从天而降，这个矮个子当场变成了落汤鸡。他那原本就缠绕在一起的头发和胡子更是以各种新的造型纠结起来，一滴一滴的水从头发和胡子上往下滴。

　　"我早就知道，打雷之后肯定是要下大雨的！"苏格拉底嘿嘿嘿地笑着，冲年轻人摆摆手，乖乖地跟赞替帕回家去了。

苏格拉底之死

　　你可曾想过，在死亡的前一分钟，自己会想些什么？

　　死去元知万事空，死亡就是堕入虚无。这个虚无是如此的不可想象，以至于很少有人能真正坦然地面对死亡。

　　已是盛夏时节，监狱墙壁巨大的石砖缝隙里偶尔探出一棵天真的嫩草，像极了夏天里贪图凉爽的调皮孩童。

　　"不，你们不用为我难过。"苏格拉底半躺在石床上，用一只胳膊支撑着身体："没有什么比死亡更平常的事了。"

"也许我的灵魂会起程前往天国，那里所有的东西都是善的；也可能我将陷入酣畅的睡眠，就像平时一样。你们有什么好难过的呢？"

苏格拉底端起床头的酒杯，放在鼻子下闻了闻："好了，我请你们相信，万事万物都会向'善'的方向演进。请让所有雅典人记住德尔斐神庙上的话：认识你自己。我一生所做的不过就是这个。"

苏格拉底捏住酒杯，一饮而尽——一如他在无数次宴会上那样。他放下酒杯，安静地躺下，盖好了被子。再过几分钟，鸩酒的毒液就将扩散到他的全身。

"克里托啊，我还欠阿斯克勒庇俄斯一只大公鸡，千万别忘了，一定要帮我还给他啊！"老人忽然抬起头，作了最后的吩咐。

达维特油画《苏格拉底之死》

生平和思想

我们终于说到一个所有人都耳熟能详的名字。苏格拉底，雅典人，史上最著名的哲学家之一。他老爸是个雕刻匠，老妈是个接生婆，而他自己基本上是游手好闲，一辈子最热衷的事情就是和别人讨论各种问题——有人说哲学就是一帮闲人倒腾出来的东西，这话多少有一点点道理吧。

从流传至今的苏格拉底雕像你可以看出，苏老前辈的长相实在不够帅：塌鼻子大饼脸，那鼻子又大又扁，嘴唇又肥又厚，加上一对鼓鼓的金鱼眼和矮小的身材，这就是一代大哲的形象。所以说人不可貌相啊，永远不要太相信你的眼睛了。

在所有哲学家的夫人之中，苏格拉底的老婆赞替帕恐怕是最有名的一个了。赞替帕被传说成一个著名的悍妇泼妇，心胸狭窄、冥顽不化、唠唠叨叨，简直就是男人的克星。所以有人说苏格拉底之所以成为一个哲学家，就是被这个悍妇逼的。尼采就说："实际上，赞替帕把他们家弄得不像个家，反而像个地狱，使得他（苏格拉底）越来越陷入到这个职业（哲学家）而不能自拔。"还有人更过分，说，苏格拉底整天在大街上闲逛，跟人胡说八道，原来是不敢回家啊！不过人家苏格拉底可从来没说过他老婆一句坏话。真相到底是什么样，估计只有苏格拉底自己知道了。

苏格拉底曾经去神庙占卜，他问神，谁是世界上最聪明的人？神回答说，世界上最聪明的人就是你啊，苏格拉底！苏格拉底很疑惑：我对很多东西都一无所知，怎么可能是最聪明的呢？于是苏格拉底决定去验证一下，他想证明神的启示是错的。苏格拉底验证的方法很简单，就是不停地找那些他觉得很聪明的人唠嗑。但是每次谈话苏格拉底都很失望，因为他发现，就是再聪明的人也有不知道的东西。最后苏格拉底终于恍然大悟，原来大部分人都是"知道自己知道，不知道自己不知道"，只有他苏格拉底"知道自己不知道"。人贵有自知之明嘛，只有"知道自己不知道"的人才是明白人。所以神没有说错，有自知之明的苏格拉底，才是世界上最聪明的人。因此，苏老爷爷提出了一个口号："认识你自己"。

苏格拉底对我们身外世界的奥秘完全没有兴趣，他开始思考人本身。还记得那些颠倒黑白、混淆是非的"智者"吗？苏格拉底对他们可没什么好感。他说，"美德就是知识"，知识是固定的，所以美德也是固定的，善就是善，恶就是恶。是非善恶是有明确界限的，不是谁可以随便混淆的。

还有一个问题不知道你有没有想过。这个世界，四季在更替，草木在枯荣，国家在兴衰，人也在生老病死，这些变化，有没有一个最终的目的呢？有的人觉得有，万事万物的运行都是朝着一个目标的，这在哲学上叫做"目的论"。苏格拉底就是个目的论者，他说所有东西都有一个共同的目的，那就是"善"。这个"善"可不是善良的善，而是完善的善：所有东西都朝着使自己更好，更完善的那个方向发展。树总想长得更高，花总想开得更美，人总想变得更有道德，这就是苏格拉底眼里的目的论。

苏格拉底跟别人讨论的时候喜欢装傻充愣，他经常装作什么也不懂，不停地向别人提问题，通过提问题把别人往自己的坑里带，最后大家纷纷掉到苏格拉底的坑里，用自己的嘴说出了苏格拉底的观点。这招借刀杀人实在够狠。苏格拉底把这个技巧叫做"助产术"：帮助别人把正确的观点生下来。一般人辩论都是针尖对麦芒，而苏格拉底却顺着你走，最后杀人于无形，和中国的太极拳有的一拼。所以如果你有兴趣，可以找苏格拉底的对话录来看，非常有意思。

苏格拉底之死在历史上是一个非常有名的事件。苏格拉底被控渎神和教唆，在他面前有两条路：第一，认罪交罚款；第二，受死。后来他的学生又开发出第三条路：越狱逃跑。但是苏格拉底最后选择了慷慨赴死。我觉得这是具有象征意义的，象征了哲学独立自由的精神：你可以禁锢我的身体，甚至扼杀我的生命，但你永远控制不了我的精神。这正是最令我感动的地方。

提到死亡，可就有的说了，这基本上是一个跟人类一样古老的话题。我们中国人向来对两件事情讳莫如深，一个是性爱，一个是死亡。我记得小的时候，一到过年，我就喜欢乱说话，这时候我妈就会在第一时间冲进厕所，扯出几张草纸来擦我的嘴，一边擦一边教训：大过年的，说什么死啊死的！

所谓知己知彼百战百胜嘛，死是生的对立面，只有看清楚了死，才能更好地生，所以我一直喜欢这个词：向死而生。大胆地面向死亡、思考死亡，才能更好地活，活得更有意义。

我上课的时候曾经给学生做过一个情境假设：假设你在一架燃料耗尽、发动机损坏的飞机上，几分钟之后这架飞机就将葬身太平洋底，你还有三分钟的时间可以在纸上留下只言片语。有的学生相当淡定，写道："信春哥，得永生。"有的学生很牵挂，写道："记得帮我偷菜。"还有的学生义愤填膺，在纸上写："大家以后千万别坐这家航空公司的飞机啦！"我们跳过这些无厘头的答案，看看大部分人在生命的最后三分钟都写了什么："爸、妈，我没有痛苦，别为我伤心。""爸爸、妈妈、哥哥，我爱你们。""老公，我想你，你一定要幸福。"……在你生命的最后三分钟，你会想到什么？我觉得这样的问题是有益的，你会发现最后三分钟想到的事情，才是对你来说真正重要的东西。而那些你平时觉得无比重要的事情：考试、升职、加薪，这些事情在最后一刻显得多么苍白无力。这个情境假设会让你学会"放下"，学会坦然面对。

柏拉图说"哲学是对死亡的练习"，在一定程度上，哲学正是来源于我们对死亡的恐惧，对死亡的思考。我在很小的时候，第一次发现，每个人都是要死的，每个人，包括我，包括这个活蹦乱跳的、与每个人都不同的我。我没法理解，非常害怕，整夜整夜的在床上辗转反侧，纠结难眠。如果可以永生该有多好啊！但是我发现，永生意味着永远地生存下去，永远啊！永远有多远呢？我终于发现，死亡是不可怕的，可怕的是永远死亡。如果死了一会儿又活过来，那没什么可怕的，那不叫死亡，那叫睡觉。我想我们真正恐惧的是永远，是无限。人是有限性的存在，你只能活几十年，或者长一点，上百年而已。让有限的人去思考那个"无限"，根本是无法想象的，所以才恐惧。这是我的想法。

很多哲学家都讨论过死亡的问题，这些问题集中在几个方面。首先是死亡的必然性和偶然性的问题：人的死亡是必然的吗？或者只是一个偶然性事件，是你不小心死掉的？是的，你一定说，死亡当然是必然的。可是为什么呢？因为过去的亿万斯年，无数的人都死掉了，从没有例外，之后的亿万斯年，无数的人也都会死掉，对吗？你一定听过那个黑天鹅的故事：很久以前人们只见过白色的天鹅，于是大家说，天鹅一定是白色的。直到人们登上了新大陆，才惊奇地发现，原来世界上还有黑天鹅。所以，过去无数人都死了，你就可以证明下一个人也会死吗？未必吧！当然啦，我也相信人一定会死的，我只是想告诉你，我们日常习惯了的答案，未必一定是正确的，一定要有自己的思考。

还有死亡的终极性与非终极性的问题：死亡就是一切的终了，死去元知万事空吗？还是说，死亡只是一个新的开始？很多人都在讨论，每个人都有自己的答案。很抱歉我也没有死过，所以不能告诉你真相。

死亡具有群体性，死亡面前人人平等，你是秦始皇也好，你是贩夫走卒也好，大家都一样。我小时候看过一个科幻小说，说在未来，人通过科技力量，可以更换自己衰老的身体，这样就可以长生不老了。但是每次更换身体是很贵的，要花很多钱的，所以只有有钱人才可以长生不老，穷人就只好乖乖等死。幸亏这只是一部科幻小说，我希望这一幕永远别发生，因为人的生命是等价的，当它和财富的多少画上等号以后，生命还是生命吗？它岂不成了商品？到那个时候，你可以到菜市场去说，老板，生命多少钱一年？先给我来两年生命！

其实死亡更是一个个体性事件，没有人可以代替你去死，没有人可以陪伴你去死，你只能独自去面对死亡，所以它是一件最最个人化的东西。

既然死亡是不可避免的，我想我们应该学会坦然面对死亡。怎样才能坦然面对呢？在你有生之年尽量地使自己的生命充盈，赋予它价值，努力使自己成为你希望成为的那个人，成为你有可能成为的最好的那个人，我想，这样，你才有可能坦然面对死亡吧。所以，人生，应当积极有为。

但是死亡又具有必然性，人人都不过那么几十年，到最后都是一样的结局，所以很多东西你也大可不必过于执著，还是那句话，学会"放下"。人生，应当无为。

人生，永远是有为与无为的辩证统一啊！这至少是我面向死亡所得到的启示。

11. 柏拉图

柏拉图其人

柏拉图

柏拉图（Plato，约公元前 427 ~ 前 347 年），雅典人，古希腊伟大的哲学家，也是全部乃至整个西方文化最伟大的哲学家和思想家之一。提出"理念论"，认为在我们生存的"现象世界"之上还有一个"理念世界"，"现象世界"只不过是"理念世界"的影子。代表作有《理想国》、《法律篇》、《巴曼尼得斯篇》等。

洞穴传说

你有什么理由认为一只杯子是真实的呢？你确定你真的认识它吗？你是否想过，你所熟悉的一切，桌子、椅子、电脑、汽车，所有的东西，都是虚幻的，就像投射在电影荧幕上的影子？我这样想过，在我很小的时候。

当柏拉图坐在船上，看着西西里连绵的群山渐行渐远，终于消隐在水平面之下时，他的心中或许又泛起了关于真实与虚幻的惆怅思绪。

终于还是离开了，西西里，这个地中海上温暖美丽的岛屿，这个饱含了柏拉图半生梦想的地方。为王者师，以自己的哲学理念治国，这只不过是个虚妄的梦。这个梦，做得有点长。

"好了柏拉图，你就只当西西里的一切都是一场梦吧。"

柏拉图一惊，没想到狄翁和自己想到一块儿去了。

"这一切都是不真实的。"柏拉图凝视着湛蓝的海水喃喃地说："你知道的，狄翁，我们看到的万物都是虚幻的，它们不过是理念的摹本。大海是'大海'这个理念的摹本，群山是'群山'这个理念的摹本，而我的西西里，也不过是'西西里'理念的摹本罢了。离开一个虚幻的东西，值得悲伤吗？"

狄翁睁大眼睛，莫名其妙地盯着柏拉图，就好像他面前站着的不是自己多年的老友，而是一个说着胡话的陌生人。

"狄翁，你知道洞穴的传说吗？一群囚徒背对着洞口锁在洞穴里，他们背后升着一堆火。囚徒们每天看见的，只能是洞外的花草动物透过火光映在洞壁上的影子，他们以为这些影子就是真实的世界。突然有一天，有一个囚徒挣脱了锁链，他跑出洞外，看见了嫩绿的草和鲜艳欲滴的花朵。这个囚徒喜出望外，高兴地回到洞里，告诉自己的同伴，原来他们以前看到的都只是影子，外面的世界那才叫美丽呢！其他的囚徒们哄堂大笑：这个挣脱锁链的倒霉鬼难道疯了？"

"你是想说，我们都是囚徒，而你就是挣脱锁链的那一个？"

柏拉图什么也没说。

沉没的亚特兰蒂斯

"我也只是听说的啊！"柏拉图笑着要走开，柯里西亚斯却扯着他的袖子不让走。

"我是从梭伦那儿听来的，梭伦又是从一个祭司那儿听来的，这种事情到底是真是假，谁也不知道。我看你还是别瞎琢磨了。"柏拉图认真地说。柯里西亚斯不说话，只是扯着柏拉图的袖子不放手，看他那架势，柏拉图今天是跑不了了。

"真要听？"

"嗯嗯嗯！"柯里西亚斯使劲地点头。

柏拉图盯着柯里西亚斯，从头看到脚，从脚看到头，终于叹了口气："好吧。"

"在茫茫地中海的尽头，有一个'海克力斯之柱'，这个'海克力斯之柱'的东边，就是我们这个世界，而它的西边到底是个什么样子，谁也不知道。不过据说在很久很久以前，'海克力斯之柱'的西边，有一片非常非常广阔的岛，岛上住着一个美丽的少女。有一天海神波塞冬看见了这个少女，被她的美貌吸引，就把少女娶为妻子。少女为海神波塞冬生了五对双胞胎，也就是十个儿子。波塞冬把这个广阔的岛划分成十个区域，每个儿子统治一片区域，形成了十个王国。这十个王国的盟主是波塞冬的长子亚特拉斯，于是这个岛也就被命名为'亚特兰蒂斯'。"

"相传亚特兰蒂斯是一个非常神奇的地方，那里的房子都是黄金和白银做成的——那个地方遍地是黄金和白银，捡也捡不完。亚特兰蒂斯的人们都会使用各种稀奇古怪的机器，最最奇怪的一种机器可以帮助人们飞到天上去！"

"是的是的，能飞到天上去。柯里西亚斯，你别打岔，让我说完。"

亚特兰蒂斯的十个国王每隔五六年就在海神波塞冬的神庙聚会一次，共同商量盟约，商量完了之后就杀一头牦牛，用牛血把盟约写在柱子上。

"亚特兰蒂斯太国富民强，他们觉得自己已经强大到可以征服更多的地方，于是亚特兰蒂斯大军越过'海克力斯之柱'，入侵很多地方。他们的大军一直打到了希腊，英勇的希腊人跟亚特兰蒂斯人开始了惨烈的战争。亚特兰蒂斯人的残忍贪婪终于触怒了宙斯，于是宙斯掀起了强烈的地震和洪水，亚特兰蒂斯一天之内在地震洪水中永远地沉入了海底。"

"好了，这就是亚特兰蒂斯的传说。可以了吧？"

"嗯嗯嗯……"柯里西亚斯茫然地点点头，松开了柏拉图的衣袖。

古希腊建筑帕特农神庙

生平和思想

有必要解释一下这三个著名人物的关系：苏格拉底是柏拉图的老师，柏拉图是亚里士多德的老师。

其实柏拉图原来有一个相当拗口的名字，叫做阿里斯托勒斯。他从小体格强壮，长得虎背熊腰，所以他的体育老师给他起了个外号叫"柏拉图"，也就是"宽阔"的意思。

柏拉图早年对文学和政治相当有兴趣，立志要做个文学家和政治家，而且据说他还写了不少文学作品，只可惜我们今天没办法看到他的文学作品了——倒不是因为年代太久远，而是柏拉图自己烧掉了，因为他遇见了自己宿命中的那个人——苏格拉底。柏拉图第一次遇见苏格拉底的时候才只有 20 岁，这个年龄放到现在也就是个大一新生。师从苏格拉底以后，柏拉图发现，原来哲学才是他真正的兴趣所在，于是一把火烧掉了自己之前的作品，开始专心研究哲学。只可惜苏格拉底死得早，柏拉图在老师去世以后开始到世界各地游历，还在西西里建立了一个他心目中的理想国。

柏拉图对他的理想国有一整套的设计，在这个国家里有三个等级，国王、武士和劳动者，而这个国王必须要由充满智慧的哲学家来做。柏拉图在他的想象中最早提出了"共产"的概念，个人没有私有财产，所有东西都是公用的，所有人都过集体生活。在古希腊，女人和奴隶是不算人的，所以"共产"也就意味着"共妻"，男女每天晚上靠抽签来结合。想当年有人污蔑共产党，说是要"共产共妻"，出处就在这里。柏拉图在这个理想国里取消了家庭，妻子是公共的，孩子也是公共的。当然了，在"共妻"的前提下，孩子基本上也弄不清到底是谁的。孩子生下来以后就放到公共的托儿所，从小就在集体中长大，压根儿也没有什么家庭啊、私有啊这些概念。这就是柏拉图心目中的理想国。我觉得这个理想一点也不美好。当时人大概也跟我的想法一样，因为柏拉图在西西里建立的那个理想国很快就倒闭了。

没有了理想国的柏拉图被西西里的独裁者送上一艘船，准备把他弄到奴隶市场给卖了，好在最后被一个朋友赎了下来。柏拉图回到雅典，建立了一个学园，广收学生。柏拉图学园是世界上最早的大学雏形。

柏老前辈在当时看来是相当长寿了，享年 81 岁，据说死在一个婚礼宴会上。

柏拉图思想最核心的部分是"理念论"。他说在我们现实世界之上还有一个"理念世界"。我们这个世界千千万万个具体的事物都有一个对应的理念：千千万万的美女，各有各的美，但是有一个高高在上的美女的"理念"，世界所有的美女都是仿照这个美女的"理念"创造出来的。所有的美女或者鼻子漂亮或者眼睛漂亮，但是总有缺陷，只有美女的"理念"是最最完美的。我实在很想看看美女的"理念"长什么样子。顺便说一句，我觉得有时候往往是"缺点"使人更可爱。

柏拉图说，其实呢，我们大家原本是生活在那个"理念世界"的，在那里大家都是无所不知的。自从堕落到这个现实世界以后，我们就把原先在理念世界的知识全忘掉啦，所以大家要努力学习，重新认识世界，而这个认识的过程，其实也就是回忆我们原本在天上已经知道的东西。这叫"回忆说"。

提到柏拉图，你最先想到的是什么？我百度了一下柏拉图，页面上显示的大部分都是"柏拉图式爱情"。好吧，让我来告诉你什么是柏拉图式爱情。还记得理念论吗？人原本生活在理念世界，在那里人都是完美的，都有四个胳膊四条腿。在人从理念世界堕落到现实世界的时候，人被上帝劈成了两半，变成我们现在的样子。而这两半，一半是男的，一半是女的。所以我们在这个世界上是不完整的，是有缺憾的，我们终生都想去寻找自己的另一半。嗯，这个说法足够浪漫。我不知道你有没有体会，当你遇见了真正的爱情，你会体验到一种发自内心的宁静和满足。

柏拉图眼里的爱情，是一种纯粹精神的交融和心灵的沟通，是两个灵魂的交缠。这种爱情是排斥性欲的。我实在想不通，性爱是一件多么神圣而又美好的事情，为什么要排斥呢？人类就是依靠性爱繁衍的呀，在性爱中，双方在对方身上获得美妙的肉体和精神上的愉悦，这本身是一件多好的事情。所以我一直不赞同柏拉图式爱情，毕竟建立在爱情基础上的性爱是美好的。

什么是爱？我想，当对方给你带来利益和快乐的时候，你就会产生爱。相反，给你带来的是损害和痛苦的时候，你只可能产生恨。想想看是不是这样？你爱一个人，难道不是因为你和他在一起会很开心？长久的爱会产生同情之心，他开心的时候你也会开心，他痛苦的时候你也会难过，这样的同情之心最后会升华成一种无私利他的境界：你可以为他付出一切，甚至生命。我想这就是爱的奥秘吧。

但是爱一定是非理性的，如果能够用语言表达出来，那一定就不是爱了吧。真是矛盾。

柏拉图式爱情还有一个内容，就是强调男女双方的平等，爱情应当是两个独立灵魂的相互吸引，而不是依附和占有。我见过很多人，尤其是女孩子，恋爱以后，就把恋人当做了整个世界。我想，有自己的独立人格和精神世界的女人才更有魅力吧。

我很喜欢那首舒婷的《致橡树》，我想那才是真正的爱情。让我们再复习一遍这首诗吧：

我如果爱你——
绝不像攀援的凌霄花
借你的高枝炫耀自己
我如果爱你——
绝不学痴情的鸟儿
为绿荫重复单调的歌曲
也不止像泉源
常年送来清凉的慰藉
也不止像险峰
增加你的高度，衬托你的威仪
甚至日光
甚至春雨
不，这些都还不够
我必须是你近旁的一株木棉

作为树的形象和你站在一起
根，紧握在地下
叶，相触在云里
每一阵风吹过
我们都互相致意
但没有人
听懂我们的言语
你有你的铜枝铁干
像刀、像剑
也像戟
我有我的红硕的花朵
像沉重的叹息
又像英勇的火炬
我们分担寒潮、风雷、霹雳
我们共享雾霭、流岚、虹霓
仿佛永远分离
却又终身相依
这才是伟大的爱情
坚贞就在这里
爱——
不仅爱你伟岸的身躯
也爱你坚持的位置，足下的土地

12.　亚里士多德

亚里士多德其人

亚里士多德

亚里士多德（Aristotle，又译亚里斯多德，公元前 384 ~ 前 322 年），斯吉塔拉人，古希腊最伟大的哲学家、科学家和教育家之一，逍遥学派的创始人，对后世影响深远，被称为"古希腊哲学家中最博学的人"、"古代的黑格尔"。认为万物由"形式"和"质料"构成。著有《工具论》《形而上学》《物理学》《伦理学》《政治学》《诗学》等。

皇帝的来信

敬爱的亚里士多德吾师：

这已经是我的马其顿大军围攻推罗的第七个月了。此时我满耳听到的，只有地中海微弱的喘息和军士们熟睡的鼾声。

从小亚细亚到叙利亚，从波斯到腓尼基，出征三年来，我不断地占领一个又一个城邦、一座又一座堡垒，没有打过一次败仗。但我的军队走得越远，我却越怀念我的马其顿故乡，怀念佩拉，怀念师从您的那些年少轻狂的岁月。我几乎所有的能力和爱好：口才和哲学、科学和医学、文学和音乐，都是蒙您所赐。直到今天，哪怕是在血腥的战场上，在颠簸的马背上，我仍丝毫不敢忘记您的教诲。唯有具体个别的事物才是真实的。万物皆是由它的本质根据与原材料构成，或者按您的说法，由"形式"与"质料"构成，"形式"先于"质料"。如果说强大的马其顿大军是"形式"，那一个个善战的军士就是"质料"，强大的军队这一"形式"注定了我的军士绝不是一帮乌合之众。

前日我收到波斯国王大流士的信，他愿意以半个波斯帝国为代价，换取我的撤军。我的将军帕曼纽说："如果我是亚历山大，我就采纳这个建议。"我回答他说："如果我是帕曼纽，我也许会采纳这个建议。"我当然不是他，我有强大的军队，我要的不是半个波斯，而是整个亚洲。

尊敬的老师，明天，当旭日初升之时，我就将率领大军，向推罗发起总攻。我将以希腊世界的阳光为野蛮的东方沐浴，以不辱"亚里士多德弟子"的名称。

另外，在东方收集的最新一批珍奇的物种，我已命军士亲自护送到雅典，以供您研究之用。

愿您得到神的庇佑。

学生：亚历山大

拉斐尔壁画《雅典学院》

生平和思想

亚里士多德师从于柏拉图，号称是古希腊最博学的人。他老爸是马其顿的御医，而他自己则是马其顿王子亚历山大，也就是未来的亚历山大大帝的老师。提到亚历山大大帝那可就牛了，他几乎可以算做欧洲历史上最伟大的军事天才，在他的统治下，马其顿帝国的版图向东一直扩展到喜马拉雅山下。如果没有喜马拉雅山和青藏高原的话，我估计东西方文明在亚历山大的作用下会更交融。这么一个战功卓著的独裁者和哲学家亚里士多德扯到一块儿，实在有点风马牛不相及，但是事实就是这样，亚历山大是亚里士多德的学生。

亚里士多德曾经在雅典创办了一个学园，叫做吕克昂学园。这个学园里的教学方式很特别，那里没有课堂，只有美丽的花园。每天早晨，亚里士多德都和他的学生们在花园里散步，边走边讨论问题。这种做学问的方式实在太惬意了，所以大家把这个学派称为"逍遥学派"。师生在花草丛中一边漫步一边争论，多美的场景啊！其实学习本来就好像去看一部悬疑推理电影，用我们充满好奇的天性去探索未知——这是多么快乐的事啊，可是如今的学习早已经被异化，被我们搞得面目全非。在今天，学习是痛苦的，是为了考试，为了就业，为了升官，为了赚大钱娶美女……什么时候我们才能让学习变回它本来的样子呢？

在亚历山大即位后不久，雅典就已经被马其顿帝国征服。一直到亚历山大去世，雅典人才有机会奋起反抗，赶走了马其顿人。这个时候终于有人想起来，这个亚里士多德是亚历山大的老师啊！雅典人终于有了泄愤的对象，他们把亚里士多德抓起来，准备处死。这时候亚里士多德面临着和他的祖师爷苏格拉底相似的局面，要么受死，要么逃跑。苏格拉底选择了前者，亚里士多德选择了后者。他一边逃跑一边振振有词："我不能让雅典人对哲学犯第二次罪。"第一次罪显然指的是苏格拉底。不过从我们今天看来，亚里士多德的逃跑实在有点不值得，因为逃走以后的第二年他就得了胃病死了，享年63岁。不过也有人说，他是因为没有办法解释潮汐现象，于是跳下山崖自杀而死。

我想问的是，如果是你，你会选择做苏格拉底留下来受死呢，还是做亚里士多德逃走？这是一个关于生命价值的问题。2009年长江大学三个大学生为救一个落水儿童而牺牲的事被媒体宣扬得世人皆知，很多人在讨论这个问题：三个大学生换一个儿童，到底值不值？值不值呢？我们可以换成另外一个问题：假使你是一个正在飞速行驶的地铁的司机，在你面前有一个岔路，一边站着五个人，另一边站着爱因斯坦。当你准备赶快刹车的时候发现，刹车早就坏了，所以你必须面临一个选择，撞向爱因斯坦呢，还是撞向五个普通人。你会撞向谁？你有答案吗？

这实际上是在问一个爱因斯坦和五个普通人谁的价值更大的问题。爱因斯坦的价值更大吗？也许吧。其实所谓"价值"有两种，一种叫做工具价值，一种叫做内在价值。工具价值就是一个东西的有用性，只有有用才有价值。电脑键盘对我有用，因为我可以用它来打字，所以对我来说键盘有工具价值。如果我不需要打字，键盘对我来说也就没有价值了。而内在价值不是这样，内在价值的意思是说，一个东西存在在那儿，它本身就具有价值，它自己赋予自己价值，不需要对别人有用。而人，不仅具有工具价值，更具有内在价值，人是目的，你的存在本身就是价值。这种内在价值是不可以量化的：我的内在价值大一点，还是你的内在价值大一点？没法儿比啊！所以说人的价值是至高无上的，不可量化的。那么，一个爱因斯坦和五个普通人，哪一个的内在价值更大？没法儿比嘛。如果我是那个地铁司机，我只好闭上我的眼睛，听天由命咯！

亚里士多德是柏拉图的得意弟子，柏拉图非常喜欢这个学生，但是亚里士多德并不同意他老师的哲学观点。所以才有后来大家都熟悉的那句话："吾爱吾师，吾更爱真理。"这就是哲学的精神。

当柏拉图在说万物都有个理念的时候，亚里士多德一定在轻轻地摇头。在亚里士多德心里，根本没有什么万物的理念，只有一个一个的"实体"。这个"实体"实际上就是具体的个别的事物。柏拉图觉得一般性、共同性是世界的根本，亚里士多德却说只有具体个别的东西才是真实的，才是世界的根本。

热衷于刨根问底的亚里士多德研究了"实体"以后，又开始思考，事物产生和存在的原因是什么呢？他归纳出了两个原因：形式因、质料因。形式就是这个事物是根据什么构成的，这就相当于房子的图纸。质料就是构成这个事物的原材料，相当于房子的砖瓦水泥混凝土。有了设计的图纸，有了盖房子的材料，你就可以动手盖房子啦。不过亚里士多德似乎更看重那个图纸，毕竟图纸设计成什么样，房子就得盖成什么样，所以他说形式因是最根本的。在他眼里，那个房子的图纸可不是设计师设计的，而是原本就有的，冥冥之中存在在那儿的。这就有点诡异了……

其实亚里士多德还是个科学家，他提出了很多自然科学的观点。比如说，他说两个重量不同的东西，下落的速度肯定也是不同的，重的东西落得快，轻的东西落得慢。后面的故事你一定知道：很多年以后，有个叫做伽利略的年轻人在一个叫做比萨斜塔的豆腐渣工程上做了个著名的实验，证明了亚里士多德是错的。我想说的是，不要迷信权威，要有独立精神。

13.　第欧根尼

第欧根尼其人

第欧根尼

第欧根尼（Diogenes，又译狄奥根尼或戴奥真尼斯，公元前 404 ~ 前 323 年），锡诺普（今属土耳其）人，古希腊哲学家，犬儒学派的代表人物。他的真实生平难以考据，但古代留下大量有关他的传闻轶事。他反对权威和礼节，提倡简单自然的生活。

秃子的头发

第欧根尼披着一件不知道从哪儿捡来的破袍子，袍子上到处是洞，脏得都泛出了黑色的油光。这个城邦的人大多都认识第欧根尼：一个疯子、一个乞丐，或者一个哲学家。

今天第欧根尼有点儿反常，他没躺在地上晒太阳，也没有拉着人吹牛，他——你想不到的，他举了个灯笼，在大街上东望西望。问题是现在是大白天，明晃晃的太阳光刺得人眼睛都生疼。

"嘿，要饭的，你找什么呢？大白天打着个灯笼！"

第欧根尼抬头看见一个油光满面的光头大胖子冲着自己喊，于是也喊道："我找人！"

"找谁？"

"找人！我在找一个真正的人！"

"哈哈哈，你有毛病吧！这满大街不都是人嘛！你看看我，我也是人啊！"光头大胖子哈哈大笑起来。

第欧根尼倒没有恼，他慢悠悠地挪过来，举起灯笼照了照大胖子肥嘟嘟的脸颊和圆溜溜的光头，咂了下嘴，一边摇头一边叹道："可惜了可惜了。"

"可惜什么呀？"光头大胖子来了兴趣。

"可惜你也不是人啊。"

"你这个臭要饭的！"大胖子被一个要饭的羞辱，一下子发起火来，他满脸通红，脸上的油光更加闪亮："你这个该死的疯子！赶紧给我滚！再不滚看我怎么揍死你！"

第欧根尼笑眯眯地听了一会儿，突然很认真地说："其实吧，我真的很羡慕你的头发。"光头大胖子听了这话莫名其妙，停住了嘴里的骂骂咧咧，茫然地看着第欧根尼。第欧根尼还是一脸认真，小心翼翼地附在大胖子耳边轻轻地说："因为你的头发早就远远地离开你那个讨厌的脑袋而去啦！"

乞丐与皇帝

冬天清晨的阳光出奇地刺眼。第欧根尼的眼珠在眼皮底下骨碌转了两下，猛地睁开了。

"不错的早晨。"第欧根尼开心地对着空气说着，爬出了他的屋子。也许我们应该说得更准确一点：第欧根尼爬出了他居住的……木桶。

"早啊，第欧根尼。"

"早上好。多舒服的早晨啊！如果你给我一块面包，或许我会有力气给你讲讲什么是真正的生活。"第欧根尼一边挠着后背一边说。

"没问题，我还可以再给你几颗橄榄。"

"很好。"第欧根尼拿起一颗橄榄放在嘴里，然后含混地说："你应该记住我的话，只有把世俗的名利财富看成……看成狗屎，你才能得到……自由。"

第欧根尼吃完他的早饭，把头伸到广场上的水池里喝了个饱，然后靠着水池躺了下来。太阳暖洋洋地照在他身上，第欧根尼舒服地眯起了眼睛。

可是很快阳光就被一片阴影挡住了。

"我能为你做些什么吗？"

第欧根尼睁开眼睛，一个身披紫色斗篷、目光炯炯有神的年轻人站在他面前，而在此人身后，是黑压压的人群。

"这是亚历山大大帝，马其顿皇帝，希腊的征服者。快起来向他行礼！你算是走运啦！"一个穿着金色铠甲的侍从在第欧根尼耳边说。

"第欧根尼先生，我能为你做些什么吗？"亚历山大俯下身子，微笑着又问了一次。

"能。"这个衣衫褴褛，肮脏邋遢的人懒洋洋地说："请往边上站一点，你挡住了我的阳光。"

沉默，一阵惊愕的沉默。慢慢地，亚历山大直起腰，转过身子。那些穿戴优雅的希腊人窃窃私语，马其顿军士们发出一阵哄笑。

"假如我不是亚历山大，我一定做第欧根尼。"亚历山大平静地说。他知道，这世上，只有征服者亚历山大和乞丐第欧根尼是自由的。

生平和思想

第欧根尼的老爸是个银行家，所以他本来可以安心做他的富二代，但是第欧根尼这个不安分的家伙在帮老爸管理银行的时候偷偷铸造假币，最后东窗事发，他老爸被抓进了监狱，而他自己也被逐出了城邦。有人嘲笑第欧根尼，说小样儿的你终于被逐出城邦啦。第欧根尼说，你们判我流放，我判你们监禁在城邦里。

如果你在街边遇见一个像第欧根尼一样的乞丐，你会怎么样？远远躲开，还是同情地扔一枚硬币？或许那个时候他也正同情地望着你。在第欧根尼眼里，世人才都是疯子，只不过疯得各具特色而已。

第欧根尼称自己为狗，但是他毕竟是个哲学家啊，所以人们把他叫做"犬儒"，把他们那一帮人叫做"犬儒学派"，意思就是"像狗一样的哲学家"。不过第欧根尼从来不觉得当一条狗有什么不好。他的全部家当是一根橄榄树干做成的棍子，一件破破烂烂的外衣（夜里也当被子用），一个讨饭用的袋子，一只装水的破罐子。第欧根尼每天在雅典的大街上到处游荡，有时候找人唠嗑，有时候自己晒晒太阳，晚上就睡在一个大木桶里面。这种人在我们今天叫做行为艺术家。

"犬儒学派"那帮人还有更夸张的，他们渴望回到野兽的时代，没事儿就学动物，喝冷水、翻垃圾、吃生肉，幕天席地，甚至光天化日之下当众手淫和交配……所以今天我们经常把放浪形骸、玩世不恭、愤世嫉俗的人叫做"犬儒主义者"。

第欧根尼讨厌那些虚伪的礼节，藐视金钱、权威，他说人应当安贫乐道，过一种自然的生活。这一点跟我们的庄子很相像啊：都反对束缚，追求一种精神超脱自由的境界。据说第欧根尼曾经大白天提着个灯笼在大街上东照照西照照，人家问他干吗，他说他在找真正的"人"。真正的"人"应当是什么样子的？我想，至少是更少受那些世俗礼节、名利地位束缚的人吧。天下熙熙皆为利来，天下攘攘皆为利往，我们什么时候能抛开这些，做回自己呢？

14. 伊壁鸠鲁

伊壁鸠鲁其人

伊壁鸠鲁（Epicurus，公元前 341 ~ 前 270 年），萨摩斯人，古希腊哲学家，伊壁鸠鲁学派的创始人。提出"快乐主义"哲学，认为人应当追求快乐，而最大的快乐是灵魂的安宁。著有《论自然》《论生活》《论目的》《准则学》等。

伊壁鸠鲁

一半就行了

第一幕

（雅典，装饰豪华的室内。）

仆人：您找我？

美特罗多罗：（手上拿着信，从凳子上站起，焦急地）快去，准备一些粮食和干酪，我要运走。

仆人：要多少？

美特罗多罗：有多少？尽量多，尽量多，越多越好。

仆人：还没到收获的季节，已经没有多少粮食了。

美特罗多罗：（把信放在桌上，穿外衣）还有多少？我去看看！

（镜头特写，可以看见信的内容：亲爱的美特罗多罗，请为我们神圣的团体送一些必需的粮食来吧。另外请给我送一点干酪来，以便我在高兴的时候可以宴客。——伊壁鸠鲁）

第二幕

（雅典，花园中，阳光明媚，稍远处马车上放着几袋粮食。）

伊壁鸠鲁：（坐在圈椅上，虚弱地）该死的疾病已经纠缠我很久了，我没有办法站起来。

美特罗多罗：我知道，老师。您就安心坐着吧。我叫人把粮食和干酪送到屋子里去。

伊壁鸠鲁：（急忙伸手阻拦）不，美特罗多罗，你送来的太多了，带一半回去，留下一半就行了。

美特罗多罗：老师啊，人生就是追求快乐，躲避痛苦。这充足的粮食不正可以满足大家的食欲，带来快乐吗？您又何必跟我客气呢！

伊壁鸠鲁：（大笑）我要是客气就不会叫你送粮食过来啦！人生确实就是要追求快乐，但是对物质的欲望是虚浮的，物质只能给我带来一时的快乐，有时候反而会转化成痛苦呢。你不觉得吃得太多会撑得慌吗？有足够的面包和水我就足够啦。

美特罗多罗：（疑惑地）这样就是快乐了？

伊壁鸠鲁：当然不是。除了物质的快乐之外，还有精神的快乐，这才是更大的快乐。美特罗多罗啊，你记住，人生就是追求快乐，而这个快乐，就是肉体的健康和灵魂的宁静。（稍顿，微笑）好啦，这句话足够抵你一半的粮食了吧？

美特罗多罗：（大笑）那是那是，哈哈，远远足够啦！

（镜头转向天空，淡出。）

生平和思想

伊壁鸠鲁出生于雅典的一个乡村，老爸是乡村教师，而老妈则有一个更拉风的职业：女巫。伊壁鸠鲁很小的时候就跟家里人移民到雅典的殖民地萨摩斯岛，后来萨摩斯发生了驱逐雅典移民的事儿，于是他们全家逃到了小亚细亚。伊壁鸠鲁师出名门，曾经跟随德谟克利特学派的人学哲学，并且还是柏拉图的徒孙。他35岁的时候回到雅典，跟他的祖师爷柏拉图一样在一个大花园里建了个学园，所以他的学派被人称为"花园学派"。这个学派里男女老幼都有，甚至还有奴隶和妓女。花园门口有一块牌子，上面写着："陌生人，你将在此过着舒适的生活。在这里享乐乃是至善之事。"看来这个花园里面真是个极乐世界，但是你想错了。

在自然观上，跟德谟克利特一样，伊壁鸠鲁是个原子论者，认为世界是由原子组成的。而在伦理学方面，伊壁鸠鲁的学说被称为"快乐主义"，但是你可别望文生义，觉得这是个耽于肉欲的哲学家。伊壁鸠鲁说了一句大实话，他说人总是趋乐避苦的，我们活在世上就是要追求快乐和幸福的。但是怎么才能快乐和幸福呢？首先你要吃得饱穿得暖，要有最基本的物质基础。但是，物质只能勾起人无穷无尽的欲望啊，饿的时候想吃馒头，有馒头吃以后，你还想吃肉，有肉吃了又想吃山珍海味，人的物欲是没有尽头的，不是有那个词嘛，叫做"欲壑难填"，一直有欲望，一直得不到满足，多痛苦呀！所以伊壁鸠鲁说，有最基本的物质保证就行啦，在物质之外，其实更重要的是精神上的快乐，这才是真正的幸福快乐。什么是快乐的最高境界？那就是身体的健康和灵魂的宁静。说得太好了。有一种快乐，强烈却短暂，比如性爱；还有一种快乐，平静但是绵长，比如爱情。精神的快乐，就应该是那种平静而绵长的吧。

伊壁鸠鲁还提到了关于死亡的问题。很多人把死亡当做最大的灾难，每天寻思着有什么办法能够长生不老。伊壁鸠鲁就跟他们说，死亡嘛，只不过是身体的分解嘛。到那个时候，你的各种感觉已经丧失了，所以死亡这事儿跟你压根儿没什么关系嘛。伊壁鸠鲁本人面对死亡的时候也非常淡定，他晚年得了肾结石，整整疼了两个星期，自知不久于人世的伊壁鸠鲁给朋友写了封信，信的开头写着："在我一生中真正幸福的这个日子，在我即将死去的时刻，我给你写这封信。"写完信以后，伊壁鸠鲁老先生舒舒服服洗了个澡，喝了杯酒，对身边的学生们说："再见了，我的朋友们，谨记我传授的真理吧！"说完瞑目长逝。伊壁鸠鲁一生追求灵魂的宁静，即使在面对死亡的时候，他也很宁静啊。

15. 塞浦路斯的芝诺

芝诺其人

芝诺（Zeno，约公元前 336～前 264 年），塞浦路斯岛人，古希腊哲学家，斯多葛学派的创始人。他强调禁欲主义，认为人生应当放弃一切享受与激情，追求理性与秩序。

塞浦路斯的芝诺

海神波塞冬创造的哲学家

老渔夫用脚踢开碎石，收拾出一块面向大海的平地，背靠着硕大的岩石坐下，眯缝起眼睛来。爱琴海温暖的海风慵懒地抚上老人的身体，像极了母亲温柔的催眠。他真的想就这么一直睡到太阳落山——如果身边没有吵着要听故事的孩子的话。

孩子，你知道海神波塞冬吗？对，是宙斯的哥哥，掌管所有大海的神。海神波塞冬手里拿着三叉戟，可以随意掀起和平息狂暴的大海。他住在大海深处灿烂夺目的金色宫殿里，是我们渔民的守护神。波塞冬有时候会保佑我们风调雨顺，也有时候会给我们带来灾难。

传说在大海中央的塞浦路斯岛上，有一个叫西提姆的城邦，城邦里住着一个叫做芝诺的商人，相传，他是世界上最富有的人。他的整个房子都是用黄金做成的，每一个房间，每一个角落都金光灿灿；他的所有家具都是用白银打制的，发出夺目的银光；他家里储藏的葡萄酒，可以填满整个爱琴海；而他拥有的橄榄树，如果接在一起，可以一直通到诸神居住的奥林匹斯山。

芝诺是一个热爱智慧的人。当他还是孩子的时候，他的父亲就从雅典给他带回了很多关于苏格拉底的书，从那个时候起，他就爱上了哲学。当芝诺成年以后，他就经常利用去雅典做生意的机会，拜访当地有智慧的人，向他们学习哲学。但是孩子，你要知道，学习哲学是要不停地阅读，不停地思考的，而芝诺是个商人，他必须每天照看他的家产和生意，这样，就根本没有时间学习哲学了。就因为这个，芝诺非常苦恼。

这一切，海神波塞冬都看在眼里。那年冬天，芝诺派出一个船队，装上全部家当，准备到雅典来做一笔很大很大的生意。船队实在太大了，第一艘船已经到了克里特岛，最后一艘船还没离开塞浦路斯呢。每一艘船上都装满沉甸甸的货物，这些货物足够所有雅典人用上一年。芝诺的船队浩浩荡荡地向雅典进发，就在大家已经能远远看见港口的时候，海神波塞冬出现了。他挥动手臂，在大海上掀起了狂风巨浪，大海顿时像一只发疯的野兽，一眨眼工夫，就把整个船队吞没了，而芝诺被甩在了海滩上。

芝诺很快就得救了，但是他已经倾家荡产，什么也没有了。虽然他丧失了所有的家产，却没有丧失对哲学的爱好。芝诺来到雅典，专心学习哲学，终于成为有名的哲学家。他告诉人们，世界是一个有理性有秩序的整体，人是宇宙的一个部分，人只能在服从世界理性和秩序中尽自己的本分。他教导人们，要抛弃一切享受和激情，对一切都要无动于衷，活着的目的就是服从世界的理性。一直到现在，大家还在听从他的教诲。

好了，孩子，你说说看，海神波塞冬给芝诺带来的，是幸运呢，还是灾难？

老人不再出声，很快就沉沉地睡着了。只有身边的孩子，睁着懵懂的大眼睛，出神地望着大海。

生平和思想

如果记性够好的话，你应该还记得我们前面也讲到一个叫做芝诺的，那个被人用石臼捣死的人。而我们现在要讲的这个塞浦路斯的芝诺可没那么悲惨，他是个富翁的儿子，用现在的话来说，属于标准的富二代。只不过一场海难让他倾家荡产，从此潜心研究哲学。

芝诺给他的门徒讲学的地方是一个一边是墙一边是柱子、墙上有很多画的建筑，这种建筑古希腊人称为"斯多葛"。所以芝诺那个学派就叫做"斯多葛学派"。这个学派的学说跟伊壁鸠鲁的"快乐主义"完全相反，提倡禁欲主义。芝诺说世界是一个有理性有秩序的整体，所有东西都是在有秩序地运行的。如果你看过《圣斗士星矢》，你肯定还记得那句话："小宇宙爆发！"每个圣斗士体内都有一个小宇宙，小宇宙爆发的时候潜能就都被激发出来了。我小时候看这个动画片的时候真是超激动啊……后来我学习哲学以后才发现，原来"小宇宙"的说法是有出处的呀，出处就在芝诺这里。芝诺说人是整个宇宙的一部分，人自身也是一个小宇宙，小宇宙也应该像大宇宙一样有理性有秩序地运行。什么叫有理性有秩序地运行呀？如果你抛弃了一切的享受、爱好、兴趣、激情，对什么东西都很漠然，都无动于衷，那么恭喜你，你就是有理性有秩序的了。在斯多葛学派看来，"一切有道德的人都是严肃的，因为他们从来不谈论愉快的事情，也不听别人谈论愉快的事情。"你看看，多么无趣的一帮人啊！

尽管我很讨厌这些学说，但是斯多葛学派在古希腊的影响却非常大，芝诺的徒子徒孙人数众多，其中有一些还很有名。比如塞涅卡，他是罗马暴君尼禄的宠臣，作为斯多葛学派的哲学家，他提倡禁欲主义，说要抛弃物欲，追求心灵的安宁，还假惺惺地提出奴隶和奴隶主是生而平等的。但是实际上，这个家伙在尼禄手下的时候疯狂敛财、穷奢极欲，干尽了坏事儿。最后塞涅卡不得善终，他卷入了一场宫廷阴谋，被尼禄赐死。这算是哲学家里面的败类了。

斯多葛学派还有个很牛的人，叫做奥勒留。他除了是个哲学家之外，还有一份很有前途的工作：罗马帝国皇帝。奥勒留陛下是个非常勤奋的人，他夙夜匪懈、勤勤恳恳，修订颁布了很多法令，而且风尘仆仆率军到处平定叛乱，最后自己死在军中。皇帝做到这个份上，他就不叫皇帝了，叫劳模。奥勒留是个悲剧性的人物，尽管他勤奋工作，最后仍然没有办法挽救罗马帝国的衰亡。罗素这样评价我们的奥勒留陛下："在一系列必须加以抗拒的欲望里，他感到其中最具有吸引力的就是想要引退去过一种宁静的乡村生活的那种愿望。但是实现这种愿望的机会始终没有来临。"所以说奥勒留实在是投错了胎，一个哲学家居然投胎到帝王家。奥勒留辛勤工作的间隙，还写下很多自己与心灵的对话，编辑成书。因为书的内容大部分是在外出征战的过程中写的，所以叫做《马上沉思录》。这本书直到今天还常常高居畅销书榜首，据说有些政要把它当做"床头书"，没事儿就翻翻。奥勒留说人生如戏，人在宇宙面前极其渺小，只能顺从宇宙，所以人生如此悲壮。

除此以外，斯多葛学派中的牛人们还有拳击手克雷安泰、长跑选手克里西波斯等。拳击手克雷安泰几乎活到了一百岁，最后估计活腻了，自己绝食而死。而克雷安泰的辩论对手、长跑运动员克里西波斯的死法更加幽默，有一次他看见一头驴子喝了满满一桶葡萄酒，喝醉了的驴子在院子里活蹦乱跳发酒疯，克里西波斯哈哈大笑，活活笑死了——这种死法倒也不错。

16.　皮　浪

皮浪其人

皮浪

皮浪（Pyrrhon，公元前 365 或前 360 年～前 275 或前 270 年），埃利斯人，古希腊怀疑主义哲学家，皮浪主义的开山鼻祖。他认为人不可能认识客观世界，更没办法判断事物的真假对错，因此人应当对一切都不置可否。

哲学家和猪

希腊。阿力阿克蒙河，河水湍急。

一叶扁舟顺流而下：四个人，还有一只安详的猪。

"河流对我们是好的还是坏的？我们不知道。船是动的还是停着的？我们不知道。这头猪是真的还是只是个幻影？我们更不知道。任何事物，我们都既可以肯定又可以否定，根本不存在什么定论。"

"所以呢？"船上的人无疑对这个叫皮浪的人已经厌烦至极。

"所以不判断、不追求、不选择，才没有困惑、没有矛盾，才能得到安宁。"

阿力阿克蒙河。暗流。船体剧烈地摇晃。

三个惊慌失措的人，安详的皮浪，一只安详的猪。

阿力阿克蒙河。恢复平静的水面。平稳行驶的小船。

三个惊魂未定的人，安详的皮浪，一只安详的猪。

"真正的哲学家也应当像这只猪一样毫不动心。"

生平和思想

　　皮浪曾经是个画匠，后来跟随亚历山大大帝东征，据说曾经到过印度，还交了很多波斯朋友和印度朋友，所以他的思想里影影绰绰地有些印度哲学的影子。皮浪是个"怀疑主义"者，他觉得所有事情都是不确定的，我们没有办法认识事物，而且对事物的判断也不可能有什么统一的标准。所以皮浪本着怀疑一切的精神，提出人应当像一头猪一样对什么东西都无动于衷，对什么事情都不置可否，清心寡欲、无所事事。也只有这样才可以远离纷扰，获得内心的安宁。

　　关于皮浪的轶事很多，有的说他走路喜欢走中间，有车马来了也从来不避让；有的说他走路不爱拐弯，前面有堵墙他也往墙上撞。只不过每次出现这种状况的时候都被朋友生生给拉住了，不然皮浪先生不知道要死多少回了。还有人说，有一次他看见自己的老师掉到一个泥潭里，他看都没看，自己直接走开了。所有人都说皮浪你还是不是人啊，自己老师掉坑里了你看都不看。只有那个老师表扬皮浪说，好孩子，做人就应该这样嘛，不以物喜不以己悲，什么事儿都要无动于衷。皮浪的这些轶事基本上都是假的，只不过是杜撰出来讽刺他的。

　　之前讲过"狗一样的哲学家"第欧根尼，现在又来了个向猪学习的哲学家皮浪——哲学家们真够谦虚的。

　　其实皮浪说得没错，什么事儿都不想，什么事儿都不置可否，自然不会有太多的痛苦。中国人说，"人生忧患识字始"，西方人也认为夏娃偷吃了"智慧之果"，于是人类有了原罪。智慧与思考总是会让人纠结，让人痛苦。但我想这应该是一种高尚的纠结、崇高的痛苦吧，因为这正是人区别于其他存在物的地方啊。你是愿意做一个会思考的痛苦着的人呢，还是愿意做一个什么也不想的快乐的人？

17. 卢克莱修

卢克莱修

卢克莱修其人

卢克莱修（Lucretius，约公元前 99 ～前 55 年），罗马人，古罗马诗人和哲学家。持原子论观点，认为物质的存在是永恒的，反对神创论和怀疑论。著有哲理长诗《物性论》。

春　药

一

卢西利亚举着灯笼小心地迈出一只脚探了探脚下的石阶，闭上眼深吸了一口气，终于还是走下石道。这石道是用巨大的青石砌成，大约因为潮湿的缘故，石头缝里已经渗出水来。卢西利亚走得很急，一阵风钻过来，灯火一下子摇摆起来，石道里更加影影绰绰。

"您走慢一点吧！"卢西利亚身后一个罩着白色长袍的男人轻轻地说。

卢西利亚呆呆地站在窗口，踮着脚伸长了脖子朝里面望。

"他很正常啊！"男人站在卢西利亚身后小心地说。

屋子里，卢克莱修坐在桌前，紧紧捏着鹅毛笔，在一卷羊皮纸上飞快地写着字，一边写一边喃喃着什么。

"再等一会儿，请您再等一会儿。"卢西利亚脸微微转向身后的男人，眼睛却还是死死盯着屋子里的卢克莱修。

"啊！"卢克莱修惨叫一声，把鹅毛笔重重拍到桌上，然后一挥手把墨水瓶砸到墙上。

"卢克莱修！"卢西利亚在窗外高喊了一声。卢克莱修瞥了她一眼，突然见了鬼一样惊恐地大叫起来："原子原子原子原子！到处都是原子！"他一边叫着，一边抓起羊皮卷狠狠地往嘴里塞去。

"他是怎么变成这样的？"卢西利亚身后的男人皱着眉若有所思地问。

"都是我的错……"

二

三天前。

"对不起……"卢克莱修一把推开趴在身上的卢西利亚，气喘吁吁地坐起来，眼睛盯着地上发了好一会儿愣，才又说了一声："对不起……"

卢西利亚没说话，只是伸出手从背后搂住卢克莱修，像一只蛇紧紧缠住树干。

"这是什么？"

"你喝了就知道啦！"卢西利亚调皮地眨着眼说。

"哦。"卢克莱修一边答应着一边把一杯血红血红的汁液胡乱喝了下去。

这天晚上，卢西利亚感受到前所未有的满足。

那天晚上以后，卢克莱修再也没清醒过来。

生平和思想

卢克莱修的作品一直到文艺复兴时候才被世人发现，他生前大概并没什么名气，所以此人的生平我们知道得实在太少，谁也不知道他到底干过什么。不过传说卢克莱修先生是吃了他老婆卢西利亚给他的春药以后发了疯，半疯半醒之间写了不少东西，然后就一命呜呼了。这种传说到底有多少可信度，实在是说不好。有人认为吃春药而死的故事是基督教学者们对卢克莱修的恶意中伤，因为卢克莱修基本上可以算作一个唯物主义者。

卢克莱修是一个原子论者，不过他管原子叫做"原始胚种""原始基体""原始的部分""种子""元素"等，其实跟德谟克利特的"原子"

是一个意思。卢克莱修认为这个世界是永恒的，没什么东西能凭空产生，也没什么东西能突然消失，整个世界都在有规律地运行。卢克莱修反对宗教迷信，他说灵魂就在人的身体里，身体灭亡灵魂自然也就飘散了。说到死亡，卢克莱修倒有一套说法，他说，人活着的时候，死亡还没到来，所以没什么好怕的；而人死了以后什么感觉都没有了，没有痛苦没有悲伤，所以自然也没什么好恐惧的。我觉得这段话说得实在毫无说服力——死亡最恐怖的地方就在于，从此什么感觉也没有了。

卢克莱修是个写诗的好手，他的哲理长诗《物性论》除了会在哲学书上出现外，还经常在欧洲文学史的书上露个面。马克思老爷爷称赞卢克莱修说，他是个朝气蓬勃、叱咤世界的大胆诗人。

18. 柏罗丁

柏罗丁其人

柏罗丁

柏罗丁（Plotinus，又译普罗提诺、普罗汀，公元205～270年），生于埃及，罗马帝国时代的希腊哲学家，新柏拉图主义的奠基人。他提出最高精神本体：太一，认为理智、灵魂、物质都是由太一所衍生。大部分关于柏罗丁的记载都来自其弟子编纂的《六部九章集》序言中。

香槟塔

"现在，一对新人来到香槟塔前。这晶莹剔透的香槟酒塔，象征着新人纯洁无瑕的爱情，那层层塔尖，象征着一对新人爱的阶梯。今天，他们终于携手登上了爱情的最高殿堂！这象征着幸福的芳香美酒正顺着杯塔缓缓向下流动，这是生命之流、爱情之流！让我们衷心祝愿新人在今后的生活中风雨同舟、相濡以沫、举案齐眉、相爱永远！"

婚礼司仪时而深情款款，时而慷慨激昂，严重影响我进餐的情绪。把一块肉塞进嘴里的同时，我瞄了一眼亮晶晶的香槟塔，突然莫名其妙地想起一个人：柏罗丁。

"柏罗丁，柏罗丁，快醒醒！"

柏罗丁勉强把眼睛撑开一条缝："嗯？"美索不达米亚的温度比埃及高得多，这样的气温总让人昏昏欲睡——尤其是在一场大战之后。

"皇帝被人干掉了！"

"什么意思？"这句话证明，人脑的开机速度比想象的要慢一点。

"什么意思？皇帝，罗马皇帝高尔狄安三世，被人暗杀啦！"

"哦。"柏罗丁终于睁开眼睛，从地上坐了起来："那这仗还打不打了？"

"打？快逃吧！波斯人听到消息，已经派大军打过来了！"

三天后。

"你确定刚才那队波斯人没看见你？"

"绝对没有。只找到这些，凑合吃吧。"

"很好，从这里再往西走两天就是港口了，我们从那里坐船去罗马。"柏罗丁咬了一口发硬的面包说。

"是的，如果这两天我们不被发现，或者不被饿死的话。"

"还记得我跟你说的'太一'吗？'太一'就是最完满的、至高无上的东西，就是神。'太一'太满了，流溢出来，就成了心智，'心智'流溢出灵魂，灵魂最后又流溢出物质。就像，就像……"柏罗丁暂时还没想出像什么，因为他显然没见过香槟塔，于是他只好继续说："总之，物质是最低等的，所以你不要老惦记着面包。用你的灵魂去认识'心智'和'太一'吧，我们最后总会得救的。"

"……还有一小块面包，你要不要了？"

"还有一块肉你要不要了？"

"要！"我夹起最后一块肉。

舞台上，新人还在倒着香槟美酒。

生平和思想

哲学史上有些哲学家的译名很不统一，有些差别还很大，比如穆勒和密尔，祁克果和郭尔凯戈尔，你基本上很难看出来其实他们是同一个人。当然还有柏罗丁，他的另一个译名叫做普罗提诺。怎么样，差别很大吧。

柏罗丁出生在埃及，在埃及的亚历山大城拜师学习，后来又参加了罗马远征军去东方旅游，学了不少东方哲学。柏罗丁被称为是柏拉图的传人，在当时是一个相当有声望和影响的哲学家，后来还有人称他是"古代希腊哲学伟大传统的最后一个辉煌代表"。这家伙深得罗马皇帝和贵族的宠爱，小日子过得相当滋润，据说皇帝还特许他在罗马附近尽早建一个柏拉图式的"理想国"，不过很显然这个"理想国"没办法实现。

　　柏罗丁创造了一个很有名的概念，叫做"太一"。他说"太一"产生一切，又超越一切。这个"太一"流溢出来就成了"心智"，"心智"流溢出来变成灵魂，灵魂又变成物质，这就是柏罗丁的世界图景。虽然柏罗丁的这些理论有点儿玄乎，但是你如果把那个蒙人的名词"太一"看成是"神"，就简单多了：柏罗丁实际上说的就是，神创造了一切。所以柏罗丁是主张有神论的，他提倡各种神神叨叨的迷信和法术，他说世界横跨两极，一端是上帝的神圣之光，一端是黑暗，人的灵魂受上帝之光的照耀，而物质世界的表象则处在黑暗之中。这还不是最玄的，柏罗丁还号称自己的灵魂有两次跟上帝合为一体。实际上柏罗丁的哲学是一种从古希腊罗马哲学到基督教哲学的过渡，对基督教哲学，尤其是教父哲学有很大影响。所以后面我们就要讲到基督教哲学啦。

Part 2

中世纪与
　　　近代西方哲学家

19. 奥古斯丁

奥古斯丁其人

奥古斯丁

奥古斯丁（Aurelius Augustinus，天主教译"圣思定""圣奥斯定""圣奥古斯丁"，公元 354～430年），古罗马帝国时期基督教哲学家、思想家，欧洲中世纪基督教神学、教父哲学的重要代表人物。在罗马天主教系统，他被封为圣人和圣师，并且是奥斯定会的发起人。对于新教教会，特别是加尔文主义，他的理论是改革的救赎和恩典思想的源头。著有《忏悔录》《上帝之城》等。

花园奇迹

脸色苍白的女人匆匆从屋里出来，一边裹紧白袍，一边四处地张望。迦太基的夏天并不炎热。地中海清晨的海风温柔得像少女的双手，时而抚摩，时而撩拨。女人站了一会儿，捋了捋纷乱的头发，终于往海边走去。

奥古斯丁在床上又躺了一会儿，才懒懒地起身，穿上衣服。大约是真的老了，他想。天刚亮他就不耐烦地赶走昨晚与他共度良宵的女人，心里阵阵的空虚。

阿里比乌斯远远看见那个女人从奥古斯丁的屋里走出去了，就长长打了个哈欠，穿衣起床。等他推门出去的时候，他的老师奥古斯丁已经弓着腰坐在花园的凳子上，盯着一块石头出神。

"嘿，昨晚这个怎么样？"阿里比乌斯笑嘻嘻地凑过去。奥古斯丁没理他，还是死死盯着那块石头。

阿里比乌斯自讨个没趣，低头看看那块石头，又看看奥古斯丁，找个石凳子坐了下来。

"阿里比乌斯，我们为什么而活？"

"啊？"

"为什么而活？为了情欲？为了享乐？我已经受够了！"奥古斯丁叫起来："阿里比乌斯，我们满腹学问，却天天只知道作乐！"

阿里比乌斯张大嘴，惊愕地看着奥古斯丁一边发疯似地揪扯自己的头发，死命地捶打桌子，一边号啕大哭。那还是自己的那个老师吗？那张脸已经因为痛苦而完全变了形。

疯了，奥古斯丁看上去真的疯了，他抱着膝盖，身体一阵阵地抽搐。

"拿起来看吧，拿起来看吧，拿起来看吧……"奥古斯丁突然停住，因为他听见一个孩子的声音，而这个花园里根本没有第三个人啊！

"拿起来看吧，拿起来看吧，拿起来看吧……"那个童声依然在响，很轻，却很亲切。奥古斯丁顺从地拿起桌上的一本书，那一页上正写道："不可荒宴醉酒；不可好色邪荡；不可争竞嫉妒。总要披戴主耶稣基督，不要为肉体安排，去放纵私欲。"

这个故事被称为"花园奇迹"，奥古斯丁此后专心钻研基督教神学，成为一代教父。我从来不信教，但每次读到这个故事，都感动不已。这是一个自我救赎的故事。如果有一样东西可以使人免于沉沦，我想，那应该是向善之心。

达·芬奇壁画《最后的晚餐》

生平和思想

奥古斯丁是基督教教父哲学的最大代表。说到基督教，得先从犹太人说起。犹太人本来在巴勒斯坦一带生活得好好的，但是在公元前1世纪却被罗马人占领，成了罗马帝国的一部分。可怜的犹太人在罗马统治下民不聊生，相当痛苦，当这种痛苦到没办法忍受的时候，就爆发了犹太人大起义。不过这场起义很快就被彪悍的罗马人摆平，一大批犹太人被钉上十字架，还有成千上万的犹太人被卖为奴隶。痛苦还在继续，打又打不过罗马人，怎么办呢？人总要有点盼头才能活下去嘛，犹太人就开始自我安慰，他们互相之间都在传说，说有一个救世主弥赛亚将要降临人间，来解救受苦受难的人。"弥赛亚"翻译成希腊语就是"基督"。

从前有一个叫做耶稣的犹太人，自称是救世主派来拯救世人的，他打着救世主的幌子到处招兵买马，企图反抗罗马人的统治，恢复犹太王国。他手下有十三个得力干将，这就是传说中的十三门徒。不过可惜的是，耶稣还没来得及起义，就被他的第十三个门徒犹大所出卖，罗马人毫不犹豫地逮捕了妄图颠覆国家政权的反动分子耶稣，把他钉死在十字架上。耶稣死了以后，他的门徒们逢人就说，耶稣还会复活的，还会回来的……至于耶稣到底有没有回来，谁也不知道。这就是基督教的产生。

其实很多宗教最开始的时候都和政治有着暧昧不清的关系，比如中国古代的白莲教啊五斗米道啊明教啊拜上帝教啊等。顺便说一句，中学时候我们就被教育，宗教是"人民的鸦片"，是阶级斗争的产物。那些剥削，那些苦难，那些不平等使大家需要一点精神的安慰，于是就有了宗教。真的是这样吗？我觉得即使人间没有苦难，宗教也一直会存在。你有没有发现，几乎所有的宗教都告诉我们有一个来世，有一个至高无上的终极的东西？我想这就是宗教存在的意义：我们总是对死亡充满疑惑与畏惧，我们总是对无限、对永恒充满向往，这就是人的本性。而宗教似乎恰恰给了我们关于永恒的答案。我没有宗教信仰，但我有时候很羡慕真正有宗教信仰的人，他们的脸上总是会浮现出一种恬静淡然，那是因为他们已经找到了永恒，不再纠结。而我们这些俗人，却不得不继续纠结下去。世界的真相到底是什么样？那个我们无法想象的无限、我们无比向往的永恒到底是什么样？谁也不知道答案。

本来基督教是弱势群体的专利，在下层犹太人中间流传，一直被罗马人打压。但是罗马统治者有一天终于开窍了，他们发现基督教的教义都是教导大家，要克制忍让，别人打了你左脸你还要伸出右脸让人家打。对统治者来说，这种教义太妙啦，要是全国人民都信基督教，统治者就可以高枕无忧啦，所以到最后，基督教成了罗马帝国的国教。关于基督教成为罗马国教，还有个神奇的传说，说罗马皇帝君士坦丁在外征战，老是打败仗，有一天晚上，刚打了败仗的君士坦丁郁闷地望着天空发呆，突然看见夜空中有一个象征基督教的巨大十字架闪闪发光。于是君士坦丁叫人在所有士兵的盾牌上画上十字，从此，这些十字盾牌刀枪不入，罗马军队也是所向披靡。君士坦丁从此皈依基督教，把基督教定为国教。当然，大半夜在天上看见发光的十字架，这事儿基本不太靠谱。

当年基督教还只在草根阶层流行的时候，各种教义啊信条啊都是散乱的，还不成系统。现在基督教发达了，成了国教，光靠以前那些东西是混不下去的，于是有人开始把教义整理成系统，让它更理论化一点，这帮人被称为"教父"。这个教父基本上和意大利黑手党没什么关系。

教父们整理出来的基督教教义很多，总的来说有五个最重要的：第一个是创世说，说上帝创造了世界；第二个是原罪说，亚当夏娃偷吃了那个该死的苹果，所以我们大家一生下来就是有原罪的；第三个是救赎说，说大家现在要忍受苦难信奉上帝，这样来世才能得救；第四个是来世赏罚说，简单来说就是好人上天堂坏人下地狱，这基本上是各种宗教之必备良药；最后一个是天启说，人的理性要服从信仰，一切真知都是天启。

这些教父里面最著名的一个，就是我们的奥古斯丁。奥古斯丁出生在北非，今天的阿尔及利亚一带。据说他父亲很有地位，但是个懒鬼、异教徒，贪恋尘世生活。而奥古斯丁的母亲却相反，是一个相当虔诚的基督徒，悉心教育儿子，经常为了儿子的罪行流泪忏悔。所以有人说，奥古斯丁有双重性格，一种是纵情声色放荡不羁的性格，一种是虔诚信仰追求真理的性格，这两种性格一种随他爸一种随他妈。奥古斯丁的前半生基本上就是在两种性格的交锋中度过的。奥古斯丁年轻时候是个典型的纨绔子弟，父母送他到外地学习，这家伙倒好，才十七岁就跟个女人同居，还生了个私生子。这期间奥古斯丁信奉异教，坏事儿干尽，还曾经为了刺激和一帮狐朋狗友出去偷东西。总之，一个热血小青年能干的坏事儿他都干了个遍。为这个该死的儿子，奥古斯丁的老妈真是操碎了心。她苦口婆心劝说奥古斯丁离开那个女人，重新娶个妻子，奥古斯丁满口答应，把那个跟了他十四年的女人赶走，准备跟其他人结婚。结果婚还没结呢，我们亲爱的奥古斯丁先生就耐不住寂寞，又和另一个女人鬼混在一起。

奥古斯丁的青年时代就在这样的荒唐中度过。他总是在荒唐与自责中摇摆，痛苦不堪，最后终于在花园受了"神启"，从此虔心皈依基督教，成为一代教父。关于这些故事在他的《忏悔录》里面有详细记载。

奥古斯丁是搞宗教哲学的，他高举"信仰高于理性"的大旗，深入研究论证了上帝创世啊、三位一体啊、原罪救赎啊这些东西。他写了一本叫《上帝之城》的名著，在书里面幻想了一个他理想中的宗教王国。

20. 波爱修

波爱修其人

波爱修

波爱修（Anicius Manlius Severinus，又译波爱修斯、博伊西斯，公元 475 或 480 ~ 524 或 525 年），罗马人，中世纪哲学家、政治家、音乐理论家。他认为人在理智上类似上帝，因而应从内心中寻求上帝；提出"共相"存在于事物之中，从而成为唯名论的先驱。代表作为《哲学的慰藉》。

哲学的慰藉

何以解忧，唯有杜康。这个世界到处是烦忧，有的人在酒精中找到安宁，有的人在女人身上求得安慰，还有的人在音乐中、在电影中、在游戏中寻求慰藉。如果你被关在死牢里，只剩下一年的时间，然后会被处死，你会做些什么？什么才能给你真正的慰藉呢？波爱修的答案是：哲学。

"请您快一点儿吧，法官大人不可能等太久，今天要处决的犯人可不止您一位哪！"狱卒在牢房外绕了好几个圈，终于还是搓了搓手，轻声地说。一年来，狱卒已经习惯了守候在这个狱中作家的门外，等着做他的第一位读者。"以后再也看不到他写的东西了。"狱卒一边想着，一边偷看波爱修的手稿。他不知道的是，这份名叫《哲学的慰藉》的手稿在之后的千百年里，又慰藉了更多的灵魂。

"再等我最后一分钟吧，最后一次了。"波爱修抬起头微笑着看了看狱卒，又埋头写起来：

"幸福在于人的内心，为什么却要向外寻求幸福呢？还有什么东西比你自己更加珍贵呢？因此，你如果拥有自己，也就拥有了你永远都不想失去的东西，即使是命运也不能把它夺走。"

生平和思想

历史长河流啊流，还是流到了悲剧的中世纪。话说天下大势分久必合合久必分，这事儿搁外国也一样，盛极一时的罗马帝国也有没落的一天。公元395年，罗马分裂成东罗马帝国和西罗马帝国。东罗马帝国又叫拜占庭帝国，罗马帝国分裂后，这个拜占庭又苟延残喘了上千年，最后被奥斯曼土耳其所灭。而拜占庭的同胞兄弟西罗马帝国可没那么幸运，几十年后被北方蛮族日耳曼人所灭。西罗马帝国覆灭这件事，其实跟一个中国人有关：汉武帝刘彻。话说汉武帝时代匈奴人肆虐，于是刘彻作出重大战略决策：抗击匈奴。接下来的故事你应该很熟悉了，卫青、霍去病等等一批名将彻底赶跑了匈奴。原本生活在中国北方的匈奴人被这么一赶，没办法，只好往西跑，一口气跑到了东欧，今天的匈牙利人就是匈奴人的后裔。匈奴人跑到了东欧，于是就把原本生活在那里的日耳曼人往西赶。失去家园的日耳曼人往西南方向跑，消灭了西罗马帝国。整个亚欧大陆就像一套多米诺骨牌，在汉武帝的推动下，骨牌一个接一个倒下，最后一个最倒霉的骨牌正好就是西罗马帝国。西罗马帝国覆亡之后的几百年间，西欧进入了一个黑暗时代，史称中世纪。

中世纪是个恐怖的年代。教会的权力已经达到无以复加的地步，势力渗透到生活的每一个角落，个人基本上没什么自由可言。在那个年代人是没什么尊严和价值的，人就是上帝养的宠物，人的价值就是服侍上帝。中世纪的几场大瘟疫让那个年代更加恐怖，一场黑死病据说让整个欧洲人口损失了三分之一，真正是尸横遍野。

在中世纪历史基本陷于停顿，文化也没什么发展，这个时期如果说有哲学的话，那就是经院哲学。经院哲学的名声一向不太好，因为它相当繁琐，相当形式主义，相当无聊。比如说，曾经有一大帮经院哲学家皓首穷经浪费了无数唾液，就为了争论一个问题：一根绣花针上可以站几位天使。不过瘦死的骆驼比马大，经院哲学好歹也是哲学，它分为两大派：唯名论和唯实论。唯实论（又叫实在论）认为一般先于个别，一般是唯一的实在，个别的东西只不过是幻影（是不是想起了柏拉图？）；唯名论则认为个别的事物才是真实的，那些"一般"都是人虚构出来的，只是个名称而已（是不是又想起了亚里士多德？）。

我们还是回到波爱修身上吧。

波爱修命真好，出身于罗马贵族世家，老爸以及老爸的老爸都做过执政官，而他自己后来也成为东哥特王国的首席执政官。波爱修命太差，因为他在元老院为一个被指控犯有叛国罪的人说好话，结果被震怒的国王抓起来扔进了监狱，一年后被处死。波爱修在监狱里待了一年，这一年可没有白待，他百无聊赖，开始写书，于是有了传世名作《哲学的慰藉》。历史可以证明，监狱是个写书的好地方，很多人的传世之作都是在监狱里完成的，而《哲学的慰藉》就是这些书里面最出名的一本。在这本感人至深的书里，波爱修几乎是用他的生命来探讨善恶、幸福和天命。"哲学的慰藉"，这个名字起得真好，哲学使人纠结，哲学也能给人真正的慰藉。

波爱修是中世纪思想史上一个重量级人物，对中世纪哲学有很大影响。他重视人的理性，认为人在理智上类似于上帝，因此波爱修说，人啊，你没必要到处去寻求上帝的存在，上帝在哪儿？上帝就在你心里。你要到内心中去寻求上帝。这就是中国人说的"佛祖心中求"啊！真是高境界。

波爱修是中世纪唯名论的先驱，他认为，"共相"，也就是我们所说的"一般""普遍"，是存在于一个个个别事物之中的，根本没有一个实实在在的实体性"一般"的存在。这实际上也就是唯名论的主要观点了。

21. 爱留根纳

爱留根纳其人

爱留根纳

爱留根纳（Johannes Scotus Eriugena，又译厄里根纳，约公元 800 ~ 877 年），爱尔兰人（一说苏格兰人），中世纪早期著名哲学家和翻译家，被称为"中世纪哲学之父"。在神学基础上提出泛神论和理性主义思想，认为理性高于权威。著有《论神的预定》《论自然的区分》等。

哲学家与秃头皇帝

"苏格兰人，哈哈！"秃头查理笑眯眯地一边自言自语，一边举起银酒杯啜了一口。他头顶上的皇冠歪斜着，仅剩的两三根长长的头发湿漉漉地耷拉在脑袋上。桌子另一端的众臣见皇帝陛下举杯，也纷纷举起酒杯，脸上带着谄媚的笑容。

秃头查理没理他们，还是自顾自地说："哈哈哈，原来是苏格兰人。"这一次大家都听到皇帝陛下在说什么了，所有人都面面相觑，莫名其妙，只有爱留根纳很淡定，因为他知道查理嘴里的苏格兰人就是他自己。

"听说，你是苏格兰人？"查理自己一个人笑了半天，终于忍不住冲着爱留根纳开口了。

"是的，我是苏格兰人。"爱留根纳笑眯眯地答道。

"这么博学的一个人啊，这么伟大的一个人啊，居然是个乡下人，居然是个苏格兰野蛮人，啊？哈哈哈！"秃头查理脸色通红，醉醺醺地举着酒杯冲着周围的人哈哈大笑，大厅里顿时哄笑起来——虽然大家都觉得这没什么可笑。

"苏格兰，苏格兰……"秃头查理又喃喃自语了一会儿，突然冲着桌子对面的爱留根纳大声说："你说，苏格兰人（Scot）跟酒鬼（aot）有什么区别啊？啊？"

爱留根纳啜了一口酒，慢吞吞地说："他们之间隔着一张桌子。"

生平和思想

爱留根纳到底是爱尔兰人还是苏格兰人，目前还有争议——虽然我认为这种争议毫无意义。爱留根纳40多岁的时候来到巴黎，结识了一个叫做查理的朋友，查理的绰号叫"秃头"，人称"秃头查理"。秃头查理有一份很有前途的工作：查理曼帝国的皇帝。爱留根纳在秃头查理创办的宫廷学校当了25年首席教授，潜心研究神学和哲学，写了很多书，发表了很多观点。这些观点很不受宗教人士的欢迎，教皇霍诺雷斯三世下令把爱留根纳的书全部烧光光——要不是有秃头查理罩着，估计他整个人都会被烧光光的。其实爱留根纳的学说压根儿没有超出神学的范围，为什么教皇老人家那么不喜欢他呢？

爱留根纳的观点实际上是一种"泛神论"。所谓"泛神论"，简单地说，就是认为神存在于一切事物之中。神在哪儿？神就在桌子椅子花花草草之中。这实际上就把神与自然界等同起来，强调了自然的至高无上。爱留根纳就是这种泛神论者。

除此之外，爱留根纳先生还高扬理性主义大旗。他总是想寻求信仰与理性、神学与哲学的统一。但是统一不了的时候怎么办呢？爱留根纳毫不犹豫地说，那就相信理性吧，理性高于权威！

现在你可以看出来，教皇老爷爷为什么这么讨厌爱留根纳了吧。

22. 阿奎那

托马斯·阿奎那其人

阿奎那

托马斯·阿奎那（Thomas Aquinas，基督教称圣托马斯，约 1225 ~ 1274 年），基督教圣徒，中世纪经院哲学家和神学家。著有《神学大全》。

女人的诱惑

托马斯垂着头，机械地迈着双腿，两眼皮却在打架。好在这条土路两边除了山还是山，没有悬崖峭壁，他不用担心会掉下去。已经连续走了三天了，从那不勒斯到罗马，也就三四天的路程，托马斯似乎已经听见罗马城里的喧嚣。

后面的马车轰隆轰隆地往这边跑过来，尘土漫天。托马斯稍微清醒了点，他躲到路边上，两只手撑着膝盖，弓着腰一阵咳嗽。

马车在托马斯面前停住。

"啊哈，我亲爱的弟弟，你走得实在太慢啦。罗马不是你该去的地方。"

"不，我不回去……"托马斯有气无力地说。

"你就那么喜欢'多名我会'的那帮垃圾？绑起来！"

一群人扑了过来，到近前的时候，却又幻化成一只只狼狗，张着血盆大口，口水直流。

惊醒，快两年了，托马斯每隔一段时间就会在噩梦里重演这一幕。他疲惫地站起身，拉开窗帘，几束夕阳刺进屋里。也许只有阳光才能让托马斯清醒清醒。两年来他被自己的家族关在这座与世隔绝的城堡里，去不了罗马，甚至也回不了那不勒斯。最要命的是无书可看，除了那本翻烂了的圣经。

走廊里响起窸窣的脚步声和窃窃私语的声音。门被吱呀推开，一个妖艳的女人谄媚地走进来，一把脱掉了原本胡乱披在身上的白袍，玉石一样的身体泛出温和的光泽。托马斯赶紧背过身去，艰难地吞咽口水。

女人只是站着，屋子里静极了。

"够了，出去出去出去！"托马斯突然跳起来，抓起地上的袍子砸到女人身上："没用的，我永远不会改变主意！"

"哧"，女人悻悻地走开。

"上帝，请保佑我免受诱惑……所有的诱惑……"托马斯紧闭双眼，喃喃自语。

生平和思想

托马斯·阿奎那出身贵族，5 岁就被送到修道院学习。他家里人一心想把他培养成修道院院长，不过托马斯显然对这个理想不太认同。托马斯 16 岁进入那不勒斯大学学习，并且自作主张加入了"多名我会"，这事儿让他家里人很不爽，于是托马斯的哥哥们把他抓了回来，关在城堡里。但是托马斯一直死鸭子嘴硬不肯服软，家里人没办法，只好放他出去，从此随他去了。托马斯赴各地学习、讲学、布道，渐渐成为一代著名神学家，他的那部《神学大全》成为基督教经典之一。还有人信誓旦旦说亲眼看见托马斯凌空飞起——谁知道真的假的。托马斯 50 岁左右的时候生病去世，去世后教会封他为天使博士、全能博士（这名字真拉风）。天主教会认为他是历史上最伟大的神学家。

托马斯·阿奎那就是经院哲学的集大成者。这家伙是个黑乎乎的大块头，四肢发达体壮如牛，脑袋超大，但是不太会说话，属于那种茶壶里面煮饺子，有货倒不出的人，所以他年轻的时候人家给他起了个相当传神的外号，叫"西西里哑牛"。

托马斯建立了一套完整的神学哲学体系，他辛辛苦苦勤勤恳恳为上帝他老人家服务，先后用五种方式论证了上帝的存在，并且深入研究了上帝创世这一壮举。托马斯持一种温和的实在论，认为"一般"先于"个别"，"个别"只不过是"一般"的创造物，你可以看出，这是典型的唯实论（实在论）观点。什么？你已经忘了什么是唯实论？往前翻吧往前翻吧，我明明说过的，谁让你不好好听讲！

另外托马斯提出了灵魂不朽论，认为灵魂是毁灭不了的，所谓魂飞魄散那都是骗人的。总而言之，托马斯的经院哲学简单地说其实就是一种亚里士多德哲学和基督教神学的结合体。

23. 布鲁诺

乔尔丹诺·布鲁诺其人

布鲁诺

乔尔丹诺·布鲁诺（Giordano Bruno，1548～1600年），生于意大利那不勒斯附近，文艺复兴时期最著名的思想家、哲学家、文学家和自然科学家。他反对教会和经院哲学，提出泛神论的唯物主义自然观，著有《论无限宇宙和世界》、《诺亚方舟》等。

火　刑

在真理面前我半步也不会退让。

——布鲁诺

1600年2月17日，罗马，鲜花广场。春天将近，山楂树的梢头开始绿起来。这个时间的阳光明艳却不灼热，伴着地中海暖暖的海风，让这个冬天的尾巴暖意融融。春天真的快来了。

布鲁诺扭了扭发麻的身子，望了望山楂树梢的那一点绿，闭起眼深吸了一口气。"这世界终归还是美好的。"他笑着想。

几个主教穿着宽大的袍子，聚在一起凝视着囚犯。一辆马车停下，几个军士跑过来，忙着把车上的木柴搬下来，围着布鲁诺排了一圈。广场四周的人开始骚动起来，嗡嗡地吵着。"烧死他！"人群里有人兴奋地喊起来。

"哥们儿，还有什么话想说的，赶紧吧！"刽子手举着火把说。

"火，征服不了我！"布鲁诺一字一顿地说："未来的世界会了解我，他们会知道我的价值！"

289年后，人们在鲜花广场竖起了布鲁诺的铜像，以纪念这位坚持信念的勇士。368 年后，一个中国人写道："我之所以坚定地相信未来/是我相信未来人们的眼睛/他们有拨开历史风尘的睫毛/他们有看透岁月篇章的瞳孔……"

鲜花广场上的布鲁诺铜像

生平和思想

布鲁诺生于意大利那不勒斯附近的一个小镇，父亲是个军人，不过他很小的时候父母就去世了。他少年时代进入修道院学习，一学就是十年，等到毕业时候已经获得神学博士学位，成为一个知名的学者和神父。不过布鲁诺神甫显然不太称职，他醉心于哥白尼的日心说，认为上帝"三位一体"的教义纯属扯淡，有一次甚至把基督教圣徒的画像从房子里扔了出去。这个离经叛道的年轻神甫很快被革除了教籍。丢了工作，没了教籍的布鲁诺从此更没什么牵挂，到处宣扬哥白尼日心说。为了躲避宗教裁判所的追捕，布鲁诺开始了欧洲十六年游。他从意大利到瑞士，从瑞士到法国，从法国到英国，又从英国到德国、捷克，居无定所，到处被驱逐。这个四处游走反对教会的家伙让教会非常恼火，于是设了陷阱将布鲁诺骗回意大利，然后抓了起来。他们将布鲁诺关了三年才开始审讯，说他反对神学真理、反对《圣经》，十恶不赦、罪大恶极。其实布鲁诺只要公开向教会忏悔就没事儿了，但他拒不认罪，结果被关了整整八年，受尽了酷刑。1600 年，教会的耐心终于被磨尽，宗教裁判所判处布鲁诺火刑。在听完判决书后，布鲁诺说："你们对我宣读判词，比我听判词还要感到恐惧。"那年的 2 月 17 日，52 岁的布鲁诺被烧死在罗马鲜花广场。他最后的遗言是："火，不能征服我，未来的世界会了解我，会知道我的价值。"

在哲学上，布鲁诺持一种泛神论的唯物主义自然观，在他看来，上帝和自然是一回事儿，压根儿没有什么超自然的神。

24. 培　根

弗兰西斯·培根其人

培根

弗兰西斯·培根（Francis Bacon，1561 ～ 1626
年），生于伦敦，英国近代著名哲学家、思想家、作
家和科学家，被称为"英国唯物主义和整个现代实
验科学的真正始祖"。他在逻辑学、美学、教育学
方面也提出许多思想，著有《新工具》《论说随笔文集》等。培根在哲
学上提出唯物主义经验论，强调经验的重要性，并提出了"归纳法"。

沃顿夫人与大法官

　　沃顿夫人向来是个心思细密的人，没有十足把握的事儿她断然是
不会干的。拜访大法官培根子爵之前，沃顿可做了一番功课。要知道，
一个女人去拜访一个男人，有的时候会事半功倍，有的时候却会前功
尽弃——如果那个男人有一个爱吃醋的夫人。不过这个顾虑在培根先
生身上是不存在的。沃顿夫人早已经打听清楚，培根子爵年轻时候爱
上一个寡妇，结果那寡妇被人捷足先登抢了去，所以可怜的大法官先
生独守了半辈子空房，直到45岁的时候才结婚，娶了郡长的女儿。不
过沃顿夫人完全用不着担心郡长女儿的醋意，因为很显然培根与他的
夫人之间完全没有一种叫做"爱情"的东西。培根看上的是郡长家大
笔大笔白花花的银币，而郡长把女儿嫁给英格兰大法官倒也不失体面。

　　沃顿夫人侧着脸对着镜子端详了好一会儿，才满意地一笑，放下
帽子上的黑纱，转身出了门。

　　"很显然，根据您丈夫的遗嘱，这笔遗产是应当留给他前妻为他生
的三个孩子的，而不是您。"培根舒服地坐在沙发上，语气和蔼，却透

着一股冷冰冰的味道："所以亲爱的夫人，这件事是比较棘手的。"

这完全在意料之中，沃顿夫人一点儿也没有吃惊。她微笑着打开手袋，用最优雅的姿势托出一个鼓鼓的钱囊，那里面装着足足两百镑银币。

培根睁大眼睛盯着钱囊，突然意识到自己有点儿失态，赶紧收回目光，咳嗽了一声，用轻松的语调问："夫人，这是什么？"

听见培根的问话，沃顿夫人心里顿时放松下来。"大法官先生，这是我亲手做的钱囊，想把它送给您做个纪念。请一定要收下！"

"啊哈！多么漂亮的钱囊！"培根脸上堆满了笑容，伸手接过沉甸甸的钱囊："这么漂亮的女士送的小礼物，又是亲手制作，我怎么能推辞呢！"

被冻死的哲学家

3月的伦敦郊区阴冷潮湿。漫长的冬天持续了四五个月，丝毫没有告辞的意思，尽管已经是3月，满目依然是令人绝望的白色。

培根低垂着脑袋，在颠簸的马车上昏昏欲睡。这位昔日的掌玺大臣、英格兰大法官弗兰西斯·培根子爵，在饱经宦海沉浮之后，早已经对国务失去了兴趣。认识自然，才是这位隐居的老人现在唯一的兴趣。所有的知识都起源于感觉经验，所以科学实验成为培根最重要的工作。也许此时培根混沌的脑中，还在盘旋着关于冷热理论的实验。

"驭……"驾车人高喊了一声，使劲勒紧了缰绳。马车骤然停了下来，车顶的雪掉落到培根的脸上。

"老约翰，我们到了吗？"

"还没有，先生。"

雪突然下得大起来，一阵夹着雪花的风吹来，培根打了个寒战。

"去把车厢里的那只鸡拿来。"培根爬下马车，抖了抖身上的雪，剧烈地咳嗽起来。

"真是一只漂亮的公鸡，先生。"老约翰把鸡递给培根。但是这位培根先生接下来做的事却让老约翰匪夷所思。他剖开鸡肚，然后用雪把鸡肚填得满满。

"我只是想看看冷冻在防腐上的作用。"培根看了看张大嘴巴的老约翰："现在把这个为科学献身的可怜动物放回去吧，我们得抓紧时间赶路了，我已经冻得发抖了。"

培根摸了摸发烫的额头，爬上马车，很快又昏昏欲睡起来。他没有想到，这大概是他人生的最后一个实验。

马车再一次在伦敦郊区白茫茫的原野上疾驰，渐渐消逝成一点。

1626 年 4 月 9 日清晨，英国著名哲学家、科学家弗兰西斯·培根因感染风寒，病情恶化，在伦敦去世。

生平和思想

培根是西餐里一种烟熏的腊肉，相当美味，我光想想就忍不住流口水。可惜我们这里要讲的可不是腊肉，而是一个人，弗兰西斯·培根。这个名字你一定很熟悉，因为几乎所有的中小学的教室墙上都喜欢挂几张图画，其中必挂的一张就是培根。一般都是上半部分画着培根老前辈的画像，下半部分是他的名言：知识就是力量。

培根是近代哲学的开创性人物，但是从中世纪到近代的过渡可不是眼睛一闭一睁那么简单，那可是经历了很长一段时间的过渡的。在这个过渡期里面最重要的两个事儿就是文艺复兴和宗教改革。

提到文艺复兴，那可是星光灿烂啊：但丁、彼特拉克、薄伽丘、拉伯雷、塞万提斯、达·芬奇、米开朗基罗、拉斐尔、马基雅维利、莎士比亚……哪一个名字不是如雷贯耳啊！文艺复兴打着复兴古希腊罗马文化的旗号，实际上是一场人文主义的运动。在中世纪，人是没有尊严没有价值的，人就像上帝养的宠物，唯一的价值就是服侍上帝取悦上帝。而文艺复兴提出来，人是有尊严的，人是有价值的，世俗生活是很美好的，享乐是正当的。所以你看文艺复兴时候的文艺作品，都是强调世俗生活的。这一下子就把中世纪那一潭死水给搅出动静了。

随后就有了宗教改革，打头的就是马丁·路德。马丁·路德当时说过一句大实话，说，"谁若不爱美酒、女人和歌，他就终身是个大傻瓜。"马丁·路德严重看不惯中世纪教会的那种飞扬跋扈无孔不入的虚伪腐败，他说那些教会啊，那些繁琐的宗教仪式啊，这些都是虚的，你只要真正内心信仰，就可以得救，就是真正的基督徒。这就像我们中国人说的"酒肉穿肠过，佛祖心中留"，内心信仰就行了，好好过你的小日子，别去管那些教会、仪式。

你看，经过文艺复兴和宗教改革之后，中世纪的那一套算是彻底完蛋了。这时候培根老兄隆重登场。

培根的老爸是伊丽莎白女王的掌玺大臣，所以培根从小就是太子党。不过这个太子党很争气，不但没做纨绔子弟，而且自己也做了掌玺大臣和英格兰大法官，成为培根子爵。只可惜据说培根子爵在人品上有点小瑕疵，欠债不还，经常受贿，最后被免去了所有职务。其实很多事情不到最后你永远也不知道它是好事还是坏事：成了待业中老年以后的培根，开始潜心研究哲学和科学，终成大家。

培根反对中世纪经院哲学，提出"人是自然的仆役和解释者"，认为哲学研究的唯一对象是客观的自然界。他继承了古代原子论思想（还记得很久很久很久以前我们曾经讲过原子论吗？），基本上算是一个唯物主义者（尽管这个唯物主义并不彻底，因为他还承认上帝的存在）。培根老爷爷在批判经院哲学的时候说，人们经常被各种假相所迷惑，而假相主要分为四种：第一种是"种族假相"，意思就是说人们在认识事物的时候经常以自己的主观感觉为尺度，太主观；第二种是"洞穴假相"，指的是每个人天性不同、经历不同、受教育程度不同造成了各种偏见，就好像在狭小的洞里往外看一样，坐井观天；第三种是"市场假相"，指的是人们在交往过程中因为用词的错误和混乱造成的误解；最后一种是"剧场假相"，指人们盲目崇拜各种经典、权威而造成的偏见。其实你想想，这四种假相确实是我们经常犯的错误啊！要想真正避免这些错误实在是件很困难的事儿。

培根更重要的贡献在于，他是西方近代经验主义的先驱，他说我们所有的知识都是客观存在的反映，都是来源于感觉经验。所以培根极度讨厌经院哲学那种闭门造车的方法，提出要重视经验、重视实验。

培根还提出了一个重要的科学方法：归纳法。他把归纳法分为三步，第一步是广泛搜集各种材料，第二步是整理材料，第三步就是归纳。归纳法确实是一种很有用的方法，培根把这种方法称为"理智的新工具"。

25. 霍布斯

托马斯·霍布斯其人

霍布斯

托马斯·霍布斯（Thomas Hobbes，1588 ~ 1679 年），生于英国威尔特郡，英国近代政治家、思想家、哲学家，持机械唯物主义思想，试图用机械运动原理解释人与社会。著有《利维坦》《论物体》《论人》《论社会》等。

背黑锅

查理二世相当为难。他拿起最上面一张纸，靠在椅子上又看了一遍：

"1665 年以来，黑死病横扫伦敦，死者数以万计，鳏寡孤独不计其数，哀鸿遍野，民不聊生。此等惨剧，盖因霍布斯等人沉溺世俗、迷信物质，大肆宣扬人是机器，引得上帝震怒所致。此等罪行人神共愤，伦敦教会恳请陛下严惩此人，以救万民于水火。"

下面一张纸仍然是关于自己这个惹了大麻烦的老师的。尽管很不情愿，查理二世还是拈起来扫了一遍：

"国会经过周密调查得出结论，1666 年几乎摧毁半个伦敦的大火，其最初原因在于霍布斯等人肆意宣扬异端，认为国家是一具人造的机器人，引起极端有害的自由思想泛滥，市民爆发骚乱，最终酿成惨剧……"

真的是流年不利啊，短短两年里，又是瘟疫，又是大火，查理二世真是倒霉透顶。既然大家一致认为霍布斯具有背黑锅的潜质，那就只好请这位国王的老师再牺牲一下咯：

"查禁渎神作品，剥夺霍布斯言论自由。"

生平和思想

霍布斯生于英国一个乡村牧师家庭，老爸是个脾气暴躁又愚蠢无知的家伙。霍布斯毕业于牛津大学，毕业后做了英国贵族卡文迪什家族的家庭教师，这期间他几次陪自己的学生到欧洲大陆四处游历，长了不少见识，对他的学术生涯产生了非常大的影响。在英国的时候，霍布斯结识了不少学术牛人，还给培根当过秘书。他们两人经常在花园里散步，霍布斯拿着纸笔随时记录培根思维的火花。不过好景不长，英国国会和保王党之间发生内战，惊恐的霍布斯跟卡文迪什家族一起逃到法国，在法国，他找到一个更牛的学生——查理二世王子——当时查理二世正流亡巴黎。1660年，霍布斯的好日子到了，查理二世回到英国即位，给予霍布斯很高的荣誉。

但是霍布斯持有的是一种机械唯物主义的思想，认为物体是不依赖我们的思想而客观存在的，机械运动是物体的唯一运动形式，这个自然界就是一个巨大的机器，每一个物体都是一个机器部件，在不停地机械运行。霍布斯继承了培根的经验论思想，认为所有知识都来源于感觉。他在自己的名作《利维坦》中把国家比喻成《圣经》里描述的怪兽"利维坦"，官吏是怪兽的骨骼，财富是体力，民怨是疾病，内乱是死亡。霍布斯还提出了很多人生而平等的思想以及社会契约论的思想。

他的这些无神论和自由主义的思想显然让当时的英国当权者很不爽。查理二世执政的那些年，英国真可以算是祸不单行，先是1665年英国大瘟疫，死了无数人，尸横遍野，接着是1666年，伦敦大火，一把火烧掉了半个伦敦。这时候大家终于找到借口，你一口我一口，纷纷说这些倒霉事儿都是因霍布斯宣扬无神论，把上帝他老人家给惹毛了。查理二世实在没办法，只好查禁了霍布斯的书，并且限制了他的言论自由。

霍布斯一辈子基本上都是在卡文迪什家族度过的。1679年卡文迪什家族迁居，92岁的霍布斯老爷爷也要跟他们一起走，旅途劳顿，霍老爷子很快就卧床不起，几周后去世。霍布斯终身未婚，死后葬在一个小教堂边上的简朴墓地里。

26. 洛 克

约翰·洛克其人

洛克

约翰·洛克（John Locke，1632 ~ 1704 年），英国近代思想家、政治家、教育家。哲学上持经验主义思想，提出"白板说"，认为人的认识都来源于经验。代表作有《论宽容》、《政府论》、《人类理解论》等。

一个凄婉的爱情故事

如果你恰好在 1691 年的秋天经过爱塞克那座城堡，你也许会隐约听见一个苍老的声音喃喃自语：

我没有想过，在自己老之将至的时候还能遇见她。如果命运可以选择，我宁愿远离。可是我现在却躺在这客房柔软的床上，受着她的家人的殷勤照顾。我已经老了，我羸弱的身体经不起阵阵悸动，支离破碎的面孔也再难泛起温柔的微笑。

达玛丽丝，那天我站在你客厅的门口，几乎要晕厥。我的心脏好像突然悬在半空，四周都是虚无。而你也轻声惊呼："洛克！"是呀，你也第一时间认出了我，在十年之后。命运如此诡异啊，我的男爵朋友竟然就是你的丈夫。

我还时常梦到十年前的那个午后，你撑着小阳伞，花边的帽子翻在脑后，满身明艳的阳光，宛如天使。君生我未生，我生君已老。人的故事一共只有两三个，可是却以这样激烈的方式一再重复，好像以为从来没有发生过一样。如果我们能在你出嫁之前相遇，当是另一种命运吧。

达玛丽丝啊，人的心灵是一块白板，任世事涂鸦，而我的白板上最艳丽的一抹色彩永远属于你……

洛克于 1704 年 10 月 28 日因病逝世，终身未婚。

生平和思想

中国人讲究"为长者讳"，长者的名字是不能随便用的。不过西方人显然不吃这一套，比如洛克他们家。我们的主人翁约翰·洛克，他的老爸也叫约翰·洛克，是一个小律师，在英国内战的时候做了议会派的军官，跟保王党人打过仗。洛克的母亲是一个皮匠的女儿，据说非常非常漂亮，是个大美女。

洛克 30 多岁就成为英国皇家学会的成员，并且他不仅是个哲学家，还取得过医学学士学位，所以就算成不了哲学家，他应该也会是个优秀的医生（你可以看看他的画像，这家伙生得白白净净，确实像个医生）。他曾经成功地为英国辉格党领袖（什么？什么是辉格党？回家翻历史书去。）沙夫茨伯里伯爵做了肝脏囊肿移除手术，从此和伯爵成了肝胆相照的朋友。后来洛克卷入一场刺杀英王查理二世的阴谋，被迫逃亡荷兰，一直到光荣革命后才回到英国。不过据后来的史学家考证，洛克刺杀查理二世这个事儿基本不太靠谱。洛克晚年定居在乡下，不久后去世，终身未婚。

洛克是个经验主义者，认为人是开始于经验。他的思想最集中的体现是白板说，他说人刚生下来的时候心灵就像一块白板，随着年龄地增长，生活经验在白板上涂抹上各种痕迹，于是我们才有了知识和认识。

洛医生接下来又研究了物体的两种性质，人的两种观念，知识的性质和种类，理性和信仰等等一大堆东西，实在太过无聊，咱们就不多说了。

27. 笛卡儿

勒奈·笛卡儿其人

笛卡儿

勒奈·笛卡儿（Rene Descartes，1596～1650年），生于都兰，法国近代著名数学家、物理学家、生理学家，解析几何的创始人。笛卡儿是西方近代哲学的奠基人之一，黑格尔称他为"现代哲学之父"。他提出系统怀疑的方法，熔唯物主义与唯心主义于一炉，思想自成体系，在哲学史上产生了深远的影响。笛卡儿堪称17世纪哲学界和科学界最有影响的巨匠之一，被誉为"近代科学的始祖"。著有《方法谈》《哲学原理》等。

哲学家智斗海盗

笛卡儿受够了无聊的军营生活。士兵们每天聚在一起要么赌博，要么就是躺在床上一边喝酒一边聊女人。"嘿，你记得昨晚那个荷兰妞吗？"他们总是这样开始，然后没完没了。在第十一次痛下决心后，笛卡儿终于带着行李走了。

到处在打仗，从陆路是没法走的，只能走海路。当兵这么些年，笛卡儿可没剩几个钱，所以他慢悠悠地走了一星期终于走到港口的时候，突然发现没钱买船票了。

不过天上掉馅儿饼的事总还是有的。在港口蹓跶了三天后，笛卡儿成功地以很低的价格买到一张船票——船是小了点儿，但是，管它呢，能到法国就行。

上船那天笛卡儿兴致很好，他眯着眼睛扛着自己漂亮的小牛皮箱，哼着小曲儿在跳板上晃晃悠悠地走，一个水手用荷兰语冲他大喊："喂，晃什么呢！赶紧的！"笛卡儿可不想被水手破坏好心情，他装作听不懂荷兰话，继续晃晃悠悠地好一会儿才上了甲板。

这是艘很小的船，只能沿岸航行，船上连同船长和水手，总共就那么三四个人，乘客更是少得可怜。不过相对于超低的票价，笛卡儿倒也相当满意。水手们忙着冲洗裂了好几个口的甲板，笛卡儿径直朝船尾的客舱走去了。

夜里笛卡儿突然没来由地醒了。他睁着眼睛定定地望着天花板愣了好一会儿，突然坐起来披了衣服走出去。外面海风不大，黑黢黢的海面上什么也看不见，只有海浪拍打船体的声音，一阵一阵。

"那个……真不懂荷兰话？"船头隐约有人讲话的声音，笛卡儿摸索着走过去，只看见两个模糊的人影。其中一个影子用荷兰语说："放心吧，上船的时候我特意用荷兰语喊他，他一点儿反应也没有。那家伙肯定不懂荷兰话。"

对话停了一会儿，笛卡儿刚想走，其中的一个影子又低低地说："那我们什么时候干掉他？"

"凌晨的时候吧！"

"船长知道了吗？"

"知道了，我们都已经说好了。那个小牛皮箱子归我，里面的东西归你们。人就直接扔海里。"

笛卡儿顿时头皮一阵发麻。他恍恍惚惚地摸索着回到舱里，在门口的时候还"咣"地踢到了舱门。所幸那两个黑影并没有在意。

凌晨的时候客舱外"咚咚咚"地响起一阵脚步声，三个水手提着刀走过来，一脚踢开客舱。客舱里没有人，连行李也没有，干干净净、空空荡荡。"出来，法国佬，出来！"一个水手气急败坏地喊着。

"我在这儿呢。"一个声音从舱门外发出。几个水手急忙回头，正看见笛卡儿手里拿着剑，笑眯眯地站着。

"现在，轮到你们休息了！"笛卡儿用荷兰语说，然后一脚把舱门带上，从外面把舱门锁了起来。

"咚咚咚"，三个水手一边捶着舱壁，一边破口大骂。他们到底骂了些什么，笛卡儿还真听不太懂。

剩下的事儿就简单了，笛卡儿拿着剑指着船长，请他把船停到岸边，然后扛着他漂亮的小牛皮箱子，晃晃悠悠地下了船。

哲学家和女王

一

尽管卸除了全部武装，一艘瑞典的战舰停靠在法国港口，还是引起了轰动。那天半夜，这个庞然大物像个幽灵一样悄无声息地开进土伦港，到吃早饭的时候，几乎全土伦人都已经知道了这个消息。

这天早晨大家见面的问候语是这样的："嘿，看见那艘瑞典军舰了吗？听说是北欧海盗劫持过来的！"

"不对不对，你那都是谣言。告诉你吧，那是艘幽灵船，船上一个人都没有，是自己漂过来的！我在港口干活儿的表弟亲眼看见的！"

"唔，我倒不在乎那个大家伙是怎么来的，我在想能不能想办法带雷诺上船去看看，小家伙嚷了一个早上啦！"

土伦市长莱格利斯当然知道船的来历，神秘战舰的到访只因为这土伦城中住着一个人……

莱格利斯陪同瑞典客人到笛卡儿公寓的时候，这位老先生还赖在床上呢。"我的床就是我的城堡"，笛卡儿这句名言大概可以算作史上最早的宅男宣言。但是说句公道话，这实在不能怪他，让一个体弱多病又性格孤僻的大哲学家满大街溜达，实在有点强人所难。

"喏，尊敬的笛卡儿先生，您的'普遍怀疑'，对一切观念存疑的说法太精彩啦！尤其是那句'我思……'"瑞典人迟疑了一下说："'我思故我在'，嗯，'我思故我在'。总之，女王陛下对您是如此景仰，所以恳请您无论如何不要推辞！"

笛卡儿踌躇了几天，还是登上了战舰，去做他的笔友——瑞典女王克里斯蒂娜的老师。

二

北欧的冬天寒冷而且漫长。对笛卡儿来说，每天不到凌晨 5 点就起床上课，实在是一种难以忍受的折磨。

"笛卡儿先生，您真的该起床啦！"宫廷的仆人已经喊了第三遍。

"唔，就起……"笛卡儿恼火地答道。

"这是女王陛下写给您的。"

笛卡儿不情愿地从被窝里伸手抓过那张纸，眯着眼睛看起来：

我最最亲爱的老师，昨天您说道，世上存在两种互不相干的最基本的实体：精神和物质。我知道您的"精神"早已飞到我身边，请问您的"物质"什么时候起床呢？我已在书房等你。

克里斯蒂娜

笛卡儿苦笑起来：这个调皮的年轻姑娘哪有一点女王的样啊！

几个月后，笛卡儿因不适应北欧寒冷的气候，患肺炎去世，享年54岁。

生平和思想

笛卡儿这辈子第一个要感谢的人就是接生婆。要不是因为那个高明的接生婆，我们的哲学家先生可能都来不及看这个世界一眼。尽管如此，笛卡儿还是从小体弱多病，以至于校长特许他不用受校规校纪约束，可以躺在床上自学。于是小笛卡儿养成了喜欢安静、善于思考的习惯。所以说有时候翘课未必不是一件好事。

笛卡儿出生于法国贵族之家，父亲是地方议会的议员和法官，而母亲在他一岁的时候就去世了，给小笛卡儿留下了一大笔遗产。笛卡儿大学毕业以后决定投笔从戎，跑到荷兰、德国一带参军，参与了当时的欧洲"三十年战争"。当兵期间，有一次他看见有人贴出布告，重金征集一个数学题的答案，于是士兵笛卡儿绞尽脑汁，成功解开了这道题，也正是从这个时候起，笛卡儿对数学产生了兴趣。

据说笛卡儿年轻的时候，在一个月黑风高的晚上，一连做了三个诡异的梦。第一个梦梦见自己好好的突然被一阵阴风吹到了不知道什么鬼地方，第二个梦梦见自己在那个鬼地方找到了一把可以打开自然宝库的钥匙，第三个梦梦见自己走上了通往真正知识的道路。据说做过这三个梦不久之后，笛卡儿就创立了解析几何，所以有些无聊的人把笛卡儿做梦的那天定为解析几何诞生日。而事实上，据笛卡儿自己讲，他参军期间百无聊赖，躺在床上看蜘蛛，看着看着就从蜘蛛网中得到了启发，发明了坐标系，从此就有了解析几何。

　　士兵笛卡儿很快厌倦了战争，于是决定回到法国专心研究学问。回国途中他遇到了海盗，幸亏他听得懂荷兰语，才侥幸捡了条命。笛卡儿与霍布斯、洛克一样，也是终身未婚。不过笛卡儿跟自己家的女仆亲密协作，生下一个私生女，可惜的是，这个孩子还没成年就夭折了，笛卡儿为此耿耿于怀了一辈子。

　　老笛卡儿先生晚年的时候交了个笔友：瑞典女王克里斯蒂娜。后来发生的事你都看见了：克里斯蒂娜用军舰接笛卡儿去瑞典当家教。笛卡儿是个智慧的男人，克里斯蒂娜是个年轻的女人，当一个男人和一个女人在一起的时候，我们的想象力就会变得尤其丰富。所以历来有很多关于笛卡儿和克里斯蒂娜的香艳绯闻，其中最浪漫的是笛卡儿的爱心曲线。说笛卡儿寄给克里斯蒂娜一封信，信里只有一个方程式，克里斯蒂娜就很纳闷，当她根据解析几何原理把方程式画成图形以后发现，原来那是一颗心的形状。更有好事者在这个故事中间还加了个棒打鸳鸯的瑞典老国王。如果这事儿是真的话，我不得不说，笛卡儿老前辈真是个泡妞高手。如果你想借鉴的话，我把那个方程式告诉你：$r=a(1-\sin\theta)$，不过你在用这招之前，最好先打听一下那个女生的数学成绩。

　　笛卡儿在建立他的哲学大厦之前，提出了"普遍怀疑"的方法，说过去所有的知识所有的看法都是值得怀疑的，都要用理性来反省反省。这种不迷信过去不迷信权威的态度正是哲学的精神。随后，笛爷爷说出了他的那句名言："我思故我在"。哎呀这句话太有名了，有名到几乎每所学校走廊或者教室的墙壁上都挂着它。我很喜欢这句话，我对这话的解读是：独立的思考才是我存在的价值和意义所在，无思想，毋宁死。当然，笛卡儿不是这个意思。笛卡儿说，我要怀疑一切，所有东西都是值得怀疑的，但是有一样东西是可以肯定的，那就是"我在思考"，怀疑一切不正是"我在思考"吗？接着他由"我在思考"这件事儿推出了"我"是存在的。这就是"我思故我在"。笛卡儿就是在这个最基本的推论基础上搭建起他的哲学大厦的。

笛卡儿的哲学被称为"二元论"。他说,精神是存在的,物质也是存在的,物质和精神都是"实体",都是世界的本源,这两种实体本着互不干涉内政的原则各玩儿各的,互不相干。但是物质和精神都是同一个东西创造的,那就是"上帝"。

28. 斯宾诺莎

斯宾诺莎

贝内迪特·斯宾诺莎其人

贝内迪特·斯宾诺莎（Benedictus Spinoza，1632～1677年），荷兰人，西方近代著名哲学家，大陆理性主义哲学的代表人物，持唯物主义一元论思想。代表作有《几何伦理学》等。

孤　独

没有比斯宾诺莎更孤独的人了。

——亨利·托马斯

"当然是有一个主宰万物的上帝，但这个上帝可不是什么神仙，它就是宇宙，就是自然本身啊！"斯宾诺莎想得出神，手上的力道大了点，"咔嚓"一声，镜片断成两半。小小的阁楼上扬起一阵烟尘，斯宾诺莎剧烈地咳嗽起来，不得不停下手中的活儿。

夕阳的余晖透过阁楼仅有的一扇小窗斜斜地刺进来，无数细小的烟尘围着阳光亢奋地乱舞。屋顶不时地吱呀作响，大约是什么生灵跑过的足音。

"斯宾诺莎，这儿有个斯宾诺莎吗？有封信。"楼下有人喊。

"是有个斯宾诺莎，不过我想你弄错啦，他能有什么信！"另一个声音喊道："教会开除了他的教籍，老爸跟他断绝了父子关系，女朋友跟有钱人跑了，他天天就靠磨镜片过活，连饭都吃不饱，还有谁会给这个胡言乱语的疯子写信！"

"反正这信是他的。也许是另一个疯子写的，哈哈！"

几分钟后，阁楼的楼梯响起粗重的喘息声。一个长着酒糟鼻子的胖男人露出大半个秃脑袋："喏，见鬼，有你的信。"

斯宾诺莎看了眼信封上的法兰西皇家印戳就知道怎么回事儿了。信里无非是写着路易十四陛下如何仰慕隐居的哲学家，要为他提供丰厚的年金，前提是哲学家的下一本书要献给伟大的路易十四陛下。

哲学家叹息一声，仰起头靠在椅背上。突然他看见阁楼的角落里一片蜘蛛网已经蔚为壮观。斯宾诺莎痴痴地盯着蜘蛛网，看得入了迷。蜘蛛除了默默结网以外，似乎对什么都没有兴趣。

太阳像过去的亿万年一样，在暮色中渐渐消隐了。斯宾诺莎直起僵硬的身子，摸索着点起蜡烛，拿起了一枚镜片。

我相信，有些人是为了某种使命而生活在这个世界上的。他们可以忍受一切的困苦和孤独，即使没有人理解，他们也无所畏惧，只为了那一个光荣的使命。谨以此文献给斯宾诺莎，即使在三百多年后，我依然可以看见你阁楼上坚定的背影。

哲学家是短命的，哲学思想是有局限的，但哲学的精神将永远烛照人类历史。

生平和思想

斯宾诺莎祖上是居住在西班牙的犹太人，后来西班牙政府迫害犹太人，于是斯宾诺莎一家只好走人。先是跑到了葡萄牙，最后又到荷兰落脚。要不怎么说犹太人天生是做生意的料呢，斯宾诺莎一家逃难到荷兰，从小本生意做起，越做越大，成了专搞进出口贸易的大商人。小斯宾诺莎就是在这样的大商人家庭出生的。他一开始名叫"本托"，意思是"受神的惠顾"，后来才改成"贝内迪特"这么拗口的名字。

斯宾诺莎从小在教会学校读书，结果却读成了个无神论者。教会威逼利诱，想要斯宾诺莎至少做做样子，承认一下上帝他老人家，结果遭到拒绝。恼羞成怒的教会开除了斯宾诺莎的教籍，把他赶出城市。可怜的斯宾诺莎，他的悲惨人生到这里才刚刚开始：他老爸把他赶出了家门，他姐姐抢走了他的遗产，他暗恋的漂亮女生也跟了个有钱人跑了，此后他终身未婚。也许从这一刻起，斯宾诺莎才真正成为一个哲学家。他搬到阿姆斯特丹郊区一个幽暗的阁楼上，靠打磨镜片为生。斯宾诺莎一辈子几乎没什么朋友，他的思想也不被人理解，在我的印象里，斯宾诺莎永远缩在幽暗阁楼的角落里，一边吱吱地打磨镜片，一边思考着他的哲学问题。在 44 岁那年，斯宾诺莎终于可以永远休息了。

　　斯宾诺莎是个唯物主义一元论者，他说有那么个东西叫做"实体"，这个东西是独立自存的、永恒无限的，是万事万物的本质，是万事万物存在的唯一原因。斯宾诺莎有时候把这个"实体"称为"神"。但是实际上这个神可不是什么超自然的东西，相反，神就是自然本身。所以斯宾诺莎举着神仙的大旗，讲的其实是无神论。除此之外，斯宾诺莎还提出理性主义的认识论和方法论，强调理性的作用。

29. 莱布尼茨

戈特弗里德·威廉·莱布尼茨其人

莱布尼茨

戈特弗里德·威廉·莱布尼茨（Gottfried Wilhelm Leibniz，1646 ~ 1716 年），生于莱比锡，德国近代著名哲学家、数学家。与牛顿先后独立发明了微积分。其学术涉及法学、力学等 40 多个领域，被称为 17 世纪的亚里士多德。哲学上提出"单子论"，认为万物由"单子"组成。著有《单子论》等。

世上没有两片相同的树叶

"狗屁！"奥古斯特公爵气呼呼地扔掉手里的书，靠在椅背上舒服地伸了个懒腰。这些年真正的好书越来越少，尽是些狗屁不通的东西，纯粹是浪费人的时间。奥古斯特闭着眼睛想把刚才那些烦人的语句从脑子里赶出去，却发现越赶就记得越清楚——有时候人的大脑还真不是我们能控制得了的。

"来人！"奥古斯特懒懒地叫了一声。半晌没有动静。"来人！"奥古斯特坐直了身子，又大喊了一声。半晌，还是没有动静。这可真是反常，公爵府上上下下几百个仆人，难道突然之间全死了？"约翰！艾克！"公爵大人呼地站起来，冲着屋外高声叫着。但是回答他的仍然是一片诡异的寂静。

"这是怎么了？"奥古斯特突然心虚起来，他披上衣服走到大厅，没有人；走到餐厅，没有人；走到院子里，还是没有人。公爵的额头上开始渗出汗来，他加快脚步，绕着公爵府兜了大大一圈，终于在花园前面停住了。他看见了奇怪的一幕：所有的仆人——男男女女、老老少少，全都在花园里，有的踮着脚伸手往树上凑，有的蹲在地上找着什么，甚至还有趴在地上的。

"艾克！"奥古斯特看见艾克正跳着想要摘高处的一片树叶。要是平时他看见艾克这么没规矩一定会勃然大怒，不过今天奥古斯特只感到一阵亲切。艾克见是奥古斯特公爵在叫他，吓得赶紧跑过来，恭恭敬敬地鞠一躬："公爵大人！"

"你手里拿的是什么，艾克？"

"是……是树叶，大人。"

"你们这是在干什么？你们疯了吗？全公爵府的人都跑这儿来啦！"

"我们在找树叶……"

"全府的人全都不干活，跑到花园来找树叶？"奥古斯特简直要被他们弄疯了。

"莱布尼茨先生说，世界上没有两片相同的树叶，公爵夫人不相信，叫全府的人到花园里找，谁找到两片相同的树叶谁就能得到一个金币……"

"莱布尼茨……"奥古斯特嘟囔着，"那你们找到了吗？"

"没有，已经找了快一天啦！"

诡异的梦境

对有一类人来说，"数学"两个字是极具催眠价值的，我就是这类人。

"我们今天来讲微积分。"老先生顶着仅剩的几根白头发，用一种毫无激情的语调喃喃地说："微积分是牛顿和莱布尼茨先后创造的。翻开书第 87 页，来看看微积分的概念……"

大厅里挤满了人，嗡嗡的絮语声吵得人头疼。

"所以流数术，也就是莱布尼茨先生所谓的微积分学，是我最先提出来的。"讲台上一个洪亮的声音突然传过来。那是一个满脸横肉的中年男人，他圆睁着一双发光的小眼睛，一头金黄色的卷发一直垂到腰际。这样的样貌实在是怪异，我忍不住多看了几眼。

"莱布尼茨先生无疑曾经看过我的手稿，然后抢在我之前发表了微积分的学说。"黄头发继续大声说，那声音直刺鼓膜："这是剽窃，赤裸裸的剽窃！莱布尼茨的贡献，恕我直言，仅仅在于创造了所谓'单子论'的荒唐学说。万事万物都是由'单子'组合成的，而这个'单子'是由上帝创造出来的精神实体。哈！这就是莱布尼茨先生要告诉我们的'真理'。"

黄头发在说这些话的时候，面容渐渐变成一只狮子，一只长着金黄色长毛的狮子。它继续吼道："所以，微积分是我牛顿创造的！"狮子眯着眼睛扫视了一下台下，突然对着我露出诡异的微笑："你说是吗，年轻人？"

我顿时触了电一样地浑身发麻，嘴一张一合，却发不出声音。就在我几乎要晕厥的时候，大厅的门被"嘭"的一声撞开。一个双下巴肥胖的男人怒气冲冲地撞了进来。他同样长着一头卷曲的长发，唯一的区别是，那头发不是金黄，而是乌黑的。黑头发男人扫视着全场，露出狰狞的微笑，嘴里的尖牙一点一点变长。

"是谁在讲我的坏话……"尖牙张着嘴，声音却像是从屋顶传来。他终于还是看见了我："是你吗……"

"所以增量无限趋近于零，割线无限趋近于切线，曲线无限趋近于直线……"我猛地惊醒。老先生还在讲台上念经，我突然发现这声音如此动听。

只可惜我至今没有搞懂，到底什么是微积分。

莱布尼茨发明的手摇计算器

生平和思想

　　从画像上看，莱布尼茨先生长得肥头大耳，事实上他的人生和他的长相完全一致。莱布尼茨出身书香门第，父亲是莱比锡大学的道德学教授，而姥姥家也一样是书香世家。莱布尼茨的老爸在他 6 岁的时候就去世了，留给他一大笔遗产，所以莱布尼茨一辈子衣食无忧。他从小就聪明好学，学习成绩很好，18 岁硕士毕业，20 岁申请博士学位，不过学位委员会认为这家伙太过年轻，所以拒绝了。当然了，此处不留爷，自有留爷处，一年后莱布尼茨被另一家大学授予了博士学位。莱布尼茨除了是个哲学家之外，还是著名的数学家、科学家、社会活动家。他在欧洲四处游荡，结识各种权贵，在德国、奥地利、俄国的宫廷中游刃有余。他热衷于建立国家科学院，一手创办了柏林科学院，据说还企图说服康熙皇帝在北京建立科学院。莱布尼茨先生显然太不了解中国国情了，科技在古代中国，那是雕虫小技，登不上大雅之堂的。

　　数学家莱布尼茨发明过一种手摇计算器，不过他最著名的贡献是创立了微积分。事实上，他是和牛顿两个人分别先后独立创立了微积分，于是这两个强势人物为了争夺微积分创立者的名头大打口水仗，闹了个天翻地覆，成了科技史上最著名的一段公案。

　　莱布尼茨先生一生大富大贵，晚景却有点儿凄凉。他 70 岁那年得了胆结石，卧病在床，剧痛难忍。莱布尼茨终身未婚，他的朋友和那些雇佣过他的宫廷也无人过问，莱先生就这么孤寂地躺在床上，在疼痛中离开人世。

　　莱布尼茨的哲学思想集中体现在"单子论"中。他说构成万事万物的是一种不可再分的微粒，叫做"单子"，不过这个"单子"可不是像原子那样的物质微粒，相反，"单子"其实是上帝他老人家创造出来的一种精神微粒，这些精神微粒组合成了万事万物。莱布尼茨还说，其实呢，世界之所以是现在这个样子，都是上帝安排好的，早在创造世界的时候，上帝把每个"单子"的发展变化过程都给设计好啦——我在想，上帝他老人家可真辛苦哇！

关于"人的认识"这个问题，莱布尼茨也有话说。他说人的心灵就像一块有纹路的大理石，未来雕像的形象其实早就存在于大理石的纹路之中了，而人的认识只不过是把这个雕像按照纹路雕出来而已。换句话说，莱布尼茨的意思是，其实你的认识不是老师教给你的，也不是你看来的听来的，而是从娘胎里带出来的。人人都是神童啊！

30. 贝克莱

乔治·贝克莱其人

贝克莱

乔治·贝克莱（George Berkeley，又译巴克莱、柏克莱、伯克利，1685～1753年），爱尔兰人，爱尔兰基尔肯尼主教，西方近代著名哲学家，英国经验主义哲学代表人物。今美国加州伯克利市即以他命名。认为"存在即被感知"。著有《视觉新论》、《人类知识原理》等。

百慕大计划

大多数人听说百慕大，大约是从百慕大魔鬼三角开始的。无数的飞机轮船在这个海域诡异失踪，没有人知道真正的原因。可惜我们的故事里没有灵异事件，只有一个哲学家和他支离破碎的梦想。

1731年，弗吉尼亚港。初秋的海风已经消隐了夏季的灼热，贝克莱站在风里，回头望着身后的美洲大陆出神。

这是一个延续近十年的梦想了。在百慕大建一所大学，招收包括印第安人在内的美洲人入学。在大学周围建立一个理想的社区，然后在那里安然度过余生。贝克莱依稀还能记得，当他公布他宏伟的百慕大计划时，英国上下是如何地轰动。无数人盛赞他的胆识，无数人自告奋勇提供帮助。甚至连国王也大加赞许，承诺拨付两万英镑建校。

是啊，总是这样的，当你扬起尘土的时候，你会听见喧嚣漫天，而尘埃落定时却是难耐的寂静。贝克莱离开伦敦并没有声张，有时候越是激动人心的时刻,越需要安静。横跨大西洋需要几个月的时间。那些日子,贝克莱总喜欢坐在甲板上幻想他的大学的样子:红红的砖墙,高高的尖顶,还有密密的常春藤。

在美洲一等就是三年啊,望眼欲穿,国王许诺的资金,无数人承诺的帮助,无一兑现。红红的砖墙一点点斑驳,高高的尖顶一点点崩塌,密密的常春藤一点点枯萎。

加州大学伯克利分校

"快上船吧,马上要起航啦!"安妮在甲板上一边挥手一边冲着贝克莱喊。贝克莱没读过柳永,否则他大概会吟出"留恋处,兰舟催发"的句子。

"存在就是被感知。"这是贝克莱最基本的哲学思想。不知道甲板上的那一次次幻想算不算感知呢?如果算的话,那所百慕大的大学也算存在过吧。梦境与现实,哪一个更真实?谁知道呢。

生平和思想

贝克莱是爱尔兰人,11岁就上了大学,此后做过牧师和主教。想当年他老人家意气风发、书生意气、挥斥方遒……总之就是想要在百慕大建立一所大学,造福美洲人民,结果计划落空——当然会落空!贝克莱同学显然地理没学好,你可以翻翻地图,百慕大群岛孤悬在大西洋上,前不着村后不着店,离美洲大陆十万八千里,谁会跑到那儿去上大学啊!当然,贝克莱失败的另一个原因是被英国议会放了鸽子。议会本来答应拨款两万英镑用于建立贝克莱的大学,结果什么钱也没给。伤心的贝克莱只好把之前从各处募集来的一大笔钱捐给了哈佛和耶鲁。今天美国还有个城市以贝克莱命名，叫伯克利市。这个伯克利市有个世界著名的高校——加州大学伯克利分校。伯克利就是贝克莱，翻译不同而已。百慕大计划失败以后，贝克莱回到欧洲，在爱尔兰做了三十年的主教，最后跑到牛津安度晚年，1753年死在了牛津。

　　贝克莱最著名的一句话就是"存在即被感知"。他说那些我们天天看见的万事万物并不是独立存在的，它们只不过是被心灵所感知到的一组观念。比如说一个苹果，这世上本没有苹果，有的只是红的颜色、甜的味道、香的气味、圆的形状等，这些东西凑巧组合在一起就变成我们熟悉的苹果了。那如果有一天全世界人都死光光了，没有人能"感知"了，这个世界是不是也就没啦？不是的不是的，贝克莱说，即使人都死光光了，还有一个上帝呢！人没有感知了，上帝还有感知呢！如果你仔细想想会发现，其实这个贝克莱，一会儿是个主观唯心主义者，一会儿是个客观唯心主义者，真善变啊！

31. 休 谟

大卫·休谟其人

休谟

大卫·休谟（David Hume，1711 ~ 1776 年），苏格兰爱丁堡人，英国近代著名哲学家、历史学家、经济学家。休谟建立了西方近代史上第一个不可知论哲学体系。代表作为《人性论》。

好汉不吃眼前亏

已经连续快一个月了，那该死的春雨滴滴答答磨磨唧唧一直在下，还没有停的意思。爱丁堡市中心的这片干枯的湖泊已经被泡成泥沼地，一脚踩下去，你的鞋子一定报废。

天气是差了点，但该办的事人们却一样也不会少，比如说湖边上那个胖子。休谟吃过早饭决定穿过湖泊到他的新房子的工地看看去——老是不去的话，那些工人难免会干出点偷工减料的勾当。但是走到湖边上他就后悔了：地上烂得像一锅稀粥。好吧，反正已经走这么远了，反正鞋子已经灌满泥汤了，还是硬着头皮走吧。

所以湖边那一片卖鱼的人就可以看见这样滑稽的景象：一个穿着红色制服的大胖子撑着一把卷了边的黑伞，在烂泥地里跳舞一样的行进，一会儿高高抬起右腿，一会儿狠狠甩开左腿，肥胖的身体努力保持着平衡。如果你走近一点，可以看见他又宽又胖的脸上一副聚精会神小心翼翼的表情，实在是惹人发笑。谁能想到，这个滑稽的胖子是一个举世闻名的哲学家呢？看那球一样的身材，更像一位满嘴流油的地方官员吧！

"看，那人在跳舞呢！"鱼贩子们一阵哄笑。

"嘿！他掉进去啦！"突然有人喊。

是的，我们可怜的休谟先生实在太不小心，尽管他努力保持平衡，还是摔倒在一个大泥坑里。休谟先生可不是一般人，他那肥胖的身体像一只巨大的鲤鱼在泥坑里拼命地折腾，掀起阵阵泥花，可惜就是爬不起来。

鱼贩子群里又是一阵哄笑。没办法，令人开心的事情总是会引起人会心地大笑。他们晚上一定会以绝妙的语言把这条大鱼形容给老婆孩子听，然后分别引起一阵又一阵的哄笑。

"一帮没同情心的家伙。"一个壮实的卖鱼女人一边划着十字一边笑道。女人走到休谟的坑边上，手伸了一半却又缩了回来："啊，你是那个休谟先生吧！那个不信上帝的休谟！"

"是我是我，好心的女士！谢谢您谢谢您谢谢您！"休谟一连串说了三个谢谢。

"我可不会救一个不信上帝的人！"胖女人说。

除了人的知觉，其他一切事物都是不可知的。而所谓因果联系也只是人们习惯性的联想。不可知论者休谟自然把上帝也扔进了"不可知"的筐子里。全爱丁堡人都知道休谟的歪理邪说。

"好吧好吧，我信我信，我信上帝。"

"你得答应我从此成为一个虔诚的基督徒。"

"好好好！"

"那你先背诵一段主祷文和圣经吧。"胖女人一边划着十字一边慢悠悠地说。

休谟此刻死的心都有了。好吧，好汉不吃眼前亏，背吧背吧。

折腾了半个多小时，可怜的休谟先生终于被卖鱼的胖女人从坑里拉了出来。

"女士，你是我遇过的最聪明的神学家了……"休谟气喘吁吁地说。

"这算是恭维吗？"女人哈哈大笑着走开。

生平和思想

休谟其实一开始不叫休谟，而叫休姆（Home），不过英国人念不好这个单词，总是念成"休谟"，休姆实在被烦得没办法，干脆就改成了休谟。休谟家是苏格兰的一个小地主，老爸是律师。他家里一直想让他子承父业，继续当律师，但是他对法律可没什么兴趣。他老爸死后基本上没什么遗产，于是囊中羞涩的休谟开始从商，想搞点钱花花，但是他只干了几个月就发现，这活儿不是他能搞定的。于是休谟终于下决心跑到法国隐居起来，节衣缩食，专心搞哲学。

如果你就此以为休谟先生是个性格孤僻阴暗的书呆子，那你就错了。恰恰相反，人家是一个快乐的胖子，性格宽厚，非常合群。据说法国有个保法拉侯爵夫人，比休谟小 14 岁，这位夫人深深爱上了这个快乐的胖子，休谟在巴黎时两人就过从甚密，后来休谟离开法国，两人也一直书信往来，休谟临终前写的最后一封信，就是给这位保法拉侯爵夫人的。

休谟是个神童，25 岁就写出了名垂青史的《人性论》，可惜的是当时的人们没认识到这本书的价值。其实休谟最早的成名，靠的不是哲学，而是史学。他写的《大不列颠史》一出版就成为畅销书，被人疯抢。当然啦，《大不列颠史》今天没几个人知道了，而《人性论》却光耀千古，所以说，时间会给我们最公正的裁判。

休谟估计是有史以来最著名的不可知论者了。所谓不可知论，就是认为什么东西都是没办法知道的。所以休谟说，除了我们的知觉，一切都是不可知的。我们的一个个感觉经验是可以确定的，比如这个东西是黄的，那个东西是方的。除此之外，我们什么也不知道。我们身外的这个世界是真实的吗？谁也不知道。

还有，休谟偷偷告诉我们，世界上的"因果联系"其实都是骗人的！因果联系只不过是我们的习惯性联想。比如太阳晒着石头，石头热了，我们都以为石头是太阳晒热的，其实呢，也许石头热跟太阳晒完全没什么关系呢，只不过我们主观臆断地觉得石头是太阳晒热的。

32. 伏尔泰

伏尔泰其人

伏尔泰

伏尔泰（Voltaire，1694～1778年），生于巴黎，法国启蒙思想家、文学家、哲学家。他是法国启蒙运动的旗手，被誉为"法兰西思想之王""法兰西最优秀的诗人""欧洲的良心"。伏尔泰在哲学上持"自然神论"观点，哲学领域著有《哲学辞典》《哲学通信》等。

卡拉事件

1761年10月13日，法国图卢兹。

雨夜，暴雨如倾盆一般无止境地泻着，似乎想要一直下到世界的尽头。暴风呼啸着四处席卷，拍打着一切敢于阻挡的物体。间或一道闪电，伴随隆隆的雷声，惊得整个夜都颤抖起来。

菲拉蒂埃是条偏僻的街道，只有几家小店，平日夜里人不多。往常这个时候，家家早已沉入梦乡，静谧而且安详。但今天这个电闪雷鸣的夜晚，这条街道却现出些诡异的味道。

老卡拉心里惦记着儿子马克，怎么也睡不着，干脆披了衣服起来。晚上马克醉醺醺地撞回家，开口跟老卡拉借钱，说是要去做生意，老卡拉想都没想就拒绝了。自己儿子根本不是做生意的料，这一点老卡拉比谁都清楚。不过马克又能怎么办呢，弄不到天主教徒的证明书，学那么多年律师也只能是白搭。马克当时气呼呼地回了自己房间，房里先是哐当哐当响了好一阵，渐渐没了声音。

　　老卡拉摸索着挪到马克屋外，房门没关，里面黑黢黢的看不太清楚。老卡拉伸手轻轻推开门，一道闪电闪过，老卡拉看见马克正在房屋中间，高高的，吊在空中，脸上似笑非笑……

　　1762 年 3 月 10 日，法国图卢兹。

　　"让·卡拉因其子马克·安东皈依天主教而怀恨在心，于 1761 年 10 月 13 日将其杀害……"

　　"我是冤枉的！我是无辜的！"老卡拉用声嘶力竭的喊叫打断了法官的话。几个月的时间，他脸上没有一丝血色，浑身干枯。几天后，老卡拉在刑场被处以车裂之刑，死后遗体被焚毁。

　　1763 年 2 月 3 日，法国巴黎。

　　"我敢肯定这家人是无辜的！"伏尔泰递上上诉书，朗声说道。在他身后站着卡拉一家，还有义愤填膺的市民。为了这一天，伏尔泰花了数月时间调查和搜集证据，写出揭露冤案的小册子，引起舆论的强烈关注。

　　1763 年 3 月 7 日，法国枢密院下令重审此案，蒙受不白之冤的老卡拉和他的一家终于得到昭雪。

死　亡

　　伏尔泰的身体烫得吓人，就好像一团火在安静地燃烧。每隔几分钟他就会剧烈地咳嗽，然后吐出一口混着血的痰。所有人都知道这个 84 岁的老人已经不行了，只有伏尔泰自己似乎对自己的身体状况不那么在意。伏尔泰躺在床上，睁圆了眼睛盯着天花板，又开始回味几天前他刚回巴黎时候的情景。

　　马车跑得越来越慢，在快到下榻的饭店的时候，终于怎么也没办法跑了。伏尔泰颤巍巍地打开车门，慢慢钻出马车，强烈的阳光刺得他一阵眩晕。周围挤满了兴奋的年轻人，他们傻笑着望着这个闻名已久的老人，嘴里不断念叨着："伏尔泰，伏尔泰……"有几个女人偷偷靠近伏尔泰，从他的皮衣上揪下一两根毛，打算回家当做圣物保存。

　　29 年了，在被流放的第 29 年，伏尔泰终于能活着回到法兰西。好像什么都没变啊，圣母院高高的尖顶，还有塞纳河左岸的一排小咖啡馆，都还和当年一样。

伏尔泰又剧烈地咳嗽起来。他从被子里伸出手，在床头柜上摸索着，抓过一个瓶子，那是黎塞留公爵带来的镇静剂阿片酊。伏尔泰半抬起身子，咕咕咕把一瓶药全喝了下去。

不知道睡了多久，伏尔泰朦胧中感觉到床边有人在簌簌地窃窃私语，他努力睁开眼皮，强烈的光线下只能看见白茫茫的一片。伏尔泰又轻声咳嗽起来。

"看，他醒了！"有人喊道。

"尊敬的伏尔泰先生……"有人凑了过来，用一种谄媚的语气说。这下伏尔泰总算看清了，围着他床边的是几个神甫。

"尊敬的伏尔泰先生，您一直宣称上帝只在创世之初给了世界一个推动，从此再也不干涉世事。您应该知道，这是对基督的亵渎。为了您能获得救赎，请您承认基督的神圣吧，请在这里签字。"

谁也没有想到早就病入膏肓的伏尔泰突然挣扎着坐起来，一把推开身边这个絮絮叨叨的神甫，大声喊道："走开，让我安静地死吧！"

半个月后，伏尔泰在巴黎逝世。

生平和思想

世上本没有伏尔泰，叫的人多了，也就成了伏尔泰。伏尔泰原名弗朗索瓦·马利·阿鲁埃，"伏尔泰"是他的笔名。据说这个名字来源于阿鲁埃家乡的一座城堡。弗朗索瓦·马利·阿鲁埃出生于巴黎一个中产阶级家庭，从小受过良好的教育，他家里希望把他培养成一个法官，但事实证明，孩子将来成什么样，跟父母希望孩子成什么样基本没什么关系。

伏老先生是启蒙运动时期最负盛名的人物，写过很多的哲学和文学作品，他以尖酸刻薄的讽刺语调闻名，在当时影响相当大。伏尔泰极其看不惯法国封建专制的种种腐朽，极其看不惯天主教会的种种黑暗，他写的大量作品都有一个共同目的：砸法国政府和教会的场子。他也因此被两次关进世界著名建筑：巴士底狱。伏尔泰最后被驱逐出境，流亡英国 29 年。流亡国外的时候他已经享有盛名，各国领导人都想亲切接见他，普鲁士国王腓特烈二世、俄国女皇叶卡捷琳娜二世都把他当做上宾接待，可惜这些君主忘了，伏尔泰先生是以批判封建专制主义著称的，这些思想太过非主流，最终使伏尔泰与各国大佬们不欢而散。伏尔泰一直到 84 岁才又被邀请回法国，只可惜估计是太过激动，回到法国没多久就去世了。

大才子伏尔泰终身未婚，不过这不代表他的感情生活一片空白，相反，他身边倒从来不缺女人。想当年伏尔泰风华正茂、情窦初开的时候，在日内瓦爱上一个叫做夏令珀·居诺瓦耶（多么拗口的名字！）的美女，可惜两人最后分道扬镳，这事儿让伏尔泰闹心了好一阵子。不过伟人跟我们芸芸众生到底还是有区别的，伏尔泰先生没有在爱情面前止住他坚定的脚步，此后他身边的情人一个接一个，叫人眼花缭乱，而其中最著名的一个叫做爱弥儿，夏特莉侯爵的老婆。伏尔泰在自己 39 岁那年在巴黎遇见了爱弥儿，从此两人快乐地生活在一起。这本来是个多么美好的爱情故事哇，但是你别忘了，爱弥儿还有一个头衔啊，她是夏特莉侯爵夫人啊！不过侯爵先生倒也是个奇人，他知道事情之后一点儿也不生气，还送了伏尔泰一栋乡间别墅，伏尔泰在别墅里跟侯爵夫人快乐地生活了 15 年。

伏尔泰持一种"自然神论"的观点，他同意牛顿同学的"第一推动力"的观点，认为上帝创造完世界以后，给了世界一个最初的推动，然后就两手插在口袋里，再也不管事儿了，从此宇宙按照自己的规律运行。这基本上属于打着上帝旗号的无神论，因为除了第一推动以外，就再也没有上帝什么事儿了。另外，伏尔泰还提出人生而平等，自由是人的天赋权利等思想，所以教会对他恨之入骨，伏尔泰死了以后，教会把他的尸体偷偷从巴黎运出来，扔到荒地里，以泄心头之恨。

说老实话，跟其他专业哲学家比起来，伏尔泰的思想谈不上有多深邃，但是他毕生所追求的东西，却是最最符合哲学精神的，那就是：自由。让我们再来重温一下伏尔泰的那句名言：我并不同意你的观点，但我誓死捍卫你说话的权利。

33. 孟德斯鸠

查理·路易·孟德斯鸠其人

孟德斯鸠

查理·路易·孟德斯鸠（Charles de Secondat, Baron de Montesquieu, 1689 ~ 1755 年），生于波尔多，法国最著名的启蒙思想家和法学家之一。他创立三权分立学说，持自然神论观点，著有《论法的精神》《波斯人信札》等。

哲学家的大买卖

1726 年，波尔多。

"你真的决定卖了？"达尔贝萨舒服地躺在一张摇椅上，大烟斗忽明忽暗。

黄昏的时候这间屋子里几乎没什么光线，孟德斯鸠摸索着找到两只杯子，放在桌上："你知道，我已经欠了一屁股债了，不卖的话你让我拿什么还债？"

"这可是个好东西啊，可以给你带来名誉、地位，还有钞票。"

"我已经受够了。"孟德斯鸠挑了一瓶波尔多酒，靠近窗户看了一会儿，然后"嘭"的一声拔掉木塞："这东西把我困在波尔多，整天忙着磨磨叽叽的诉讼程序，哪儿也去不了。我打算去巴黎，三权分立的学说只有在巴黎才会发光。"

"啊哈，志向远大啊！"达尔贝萨高兴地站起来，从孟德斯鸠手里拿过那瓶波尔多酒，倒进两个杯子里："我出 10 万里弗尔，还有每年 5200 里弗尔的年金。"

这笔钱显然让孟德斯鸠精神振奋，他不停地摇晃着玻璃杯里的葡萄酒，过了很久才压低了声音说："成交。"

1726 年，孟德斯鸠将家族世袭的波尔多最高法院大法庭庭长一职以 10 万里弗尔的价格转让给代理检察长达尔贝萨。

生平和思想

孟德斯鸠原本叫做"沙利·路易·德·斯龚达"，后来他继承了伯父"孟德斯鸠男爵"的封号，于是名字改成了"沙利·路易·德·斯龚达·拉柏烈德和孟德斯鸠男爵"，简称孟德斯鸠。好吧，有时候做个贵族不一定什么都好，比如写名字的时候。

孟德斯鸠是个温文尔雅的世袭贵族，但是和其他启蒙运动的思想家一样，他强烈批判法国的封建专制和天主教会。他早年是个律师，后来世袭了波尔多法官的职位，但他对法官这个活儿实在没什么兴趣，于是卖掉官爵，跑到巴黎专心写书去了。在孟德斯鸠那个年代，买卖官职是法律允许的，算不得什么见不得人的勾当。孟德斯鸠卖了官职以后跑到巴黎专心研究学术，倒也是个好事儿。此后他发表了自己最重要的作品《论法的精神》，对封建专制和天主教会进行了强烈批判。孟德斯鸠 66 岁的时候出门旅行，不小心感染了热病，一个月后去世。

孟德斯鸠和伏尔泰一样，也是个自然神论者。不过孟德斯鸠跟别人不同的地方在于，他把"法"当做自己思想的核心。他认为上帝他老人家当年创造宇宙的时候也是依据一定的规律的，也就是说上帝也得受规律法则的制约，不是想干吗就干吗的。既然上帝都要遵守法则，人自然也要守"法"，人类社会自然也要遵循法律——这就是"法的精神"。

其实孟德斯鸠最重大的贡献在于提出了三权分立的学说：立法权、行政权、司法权要互相制约互相平衡。这个学说一直到今天仍然影响深远。

34. 卢 梭

卢梭

让·雅克·卢梭其人

让·雅克·卢梭 (Jean—Jacques Rousseau, 1712 ~
1778 年)，生于瑞士日内瓦，伟大的启蒙思想家、
哲学家、教育家、文学家，是 18 世纪法国大革命
的思想先驱，启蒙运动最卓越的代表人物之一。提
出社会契约论，持自然神论观点，著有《爱弥儿》、
《新爱洛伊丝》、《论人类不平等的起源和基础》、《社
会契约论》、《忏悔录》等。

哲学家的女人

巴黎的冬天阴郁而且寒冷。黛莱丝在今年整个冬天几乎没有见到
过一次阳光：要么是阴沉沉的乌云，要么是没完没了的小雨。

天还没有亮，路上一个行人也没有，偶尔一辆马车轰隆隆地驶过，
溅起一大片水花。黛莱丝裹着一件脏兮兮的大棉衣，怀里紧紧抱着个
东西，低着头急匆匆地往塞纳河右岸走。右边巷子里突然蹿出一只黑
乎乎的野猫，瞪着眼睛冲黛莱丝恶狠狠地叫了一声，又不知道蹿哪儿
去了。黛莱丝吓得抱紧怀里的东西站在原地呆了好一会儿，才又低着
头，连走带跑地往右岸去了。

去育婴堂的路黛莱丝并不陌生，这已经是第五次了。第一次的时
候黛莱丝哭得死去活来，但是卢梭铁了心要把孩子扔掉。黛莱丝看着
卢梭铁青的脸，什么也不敢说，躺在床上哭了三天，还是亲手把孩子
送到了育婴堂。谁都知道，送到育婴堂的孩子没几个能活到 7 岁的。整

整 20 年了，黛莱丝这个连字都认不了几个的女人一直陪在卢梭身边，没有名分，没有地位，有的时候甚至也没有尊严。黛莱丝有时候觉得自己并不认识这个朝夕与自己相处的男人，他们把卢梭称为"社会契约论之父"、"启蒙运动领袖"，她一点儿也不明白这是什么意思。有时候卢梭宁愿和他的小狗苏丹玩儿一个晚上，也不愿意跟她多说一句话。

黛莱丝这么胡乱想着，就已经走到育婴堂门口。门口已经有好几个用各种布料裹着的孩子。两个年轻人鬼鬼祟祟地从黛莱丝身边跑过去，一转眼就消失不见了。黛莱丝四下看了看，没有人，只有凌晨的一股烟气越来越浓。她解开棉衣，把怀里的孩子抱在手里又看了看，然后放在了育婴堂门口。起风了，黛莱丝裹紧棉衣，转过身头也不回地跑起来，一口气跑到了路口，她在路口气喘吁吁地停下来，回头望一眼育婴堂的方向，痴痴地发起呆来。

生平和思想

卢梭是日内瓦人，老爸是个技艺精湛的钟表匠，母亲是个聪明贤惠的牧师女儿。可惜卢梭的母亲在生他时难产死掉了，从此小卢梭跟他爸相依为命。小卢梭和他老爸都酷爱读书，有的时候两个人晚上一起读啊读啊就读到大天亮。卢同学 7 岁就把家里的书看了个遍，我想了想，我 7 岁的时候还在玩泥巴呢，惭愧。卢梭的命运正应了那句话："天将降大任于斯人也，必先苦其心志……"本来卢梭家族就是因为受迫害从法国逃到瑞士的，结果卢梭的老爸又得罪了人，被迫逃离日内瓦。所以小卢梭从 13 岁起就四海为家。他进过难民收容所，当过学徒和店员，做过仆人和乐谱抄写员等，反正能赚钱的事他都干。

后来卢梭遇见了他的贵人：华伦夫人。华伦夫人是个和蔼而富有气质的美女，在给华伦夫人打工期间，卢梭游历各地，遍览群书，才华初露。N 年之后，卢梭离开华伦夫人，跑到巴黎讨生活，在他 38 岁那年参加了一个关于"艺术与科学"的征文，获得了一等奖。44 岁的时候有人送给卢梭一栋乡村别墅，于是卢先生隐居到乡下专心写书，他的很多著作，比如《爱弥儿》，都是在这个时候写出来的。不过《爱弥儿》可给卢梭惹了大麻烦，这本纯粹研究教育问题的书，居然被法国政府列为禁书，他们要把书都烧了，还要把作者给抓起来。卢梭吓死啦，他赶紧逃跑，先是逃到瑞士，瑞士政府赶他走，于是又逃到普鲁士，最后被休谟接到英国安度晚年。谁知道卢梭到了英国还不老实，跟休谟吵了一架，从此英国是待不下去了，只好隐姓埋名偷偷摸摸回了法国。据说卢梭有戏剧型人格，老是把生活当演戏，做作得很。他一辈子有很多朋友，但最后全都跟他反目成仇。卢梭晚年的时候疑心病很重，对谁都不相信，老怀疑人家要害他，最后得了"迫害性心理分裂症"，穷困潦倒，66岁就孤苦伶仃地死了。不过，虽然他生前遭人唾弃，死后却万人景仰，成为法国大革命的精神偶像。

卢梭一辈子最大的污点可能就是遗弃他5个孩子的事了。卢梭除了是哲学家、文学家、思想家之外，还是个著名的教育家，他的《爱弥儿》到今天还是搞教育的人必读的书。但是卢梭在生活中却从来没有表现出喜爱儿童的倾向，反而是把自己的亲生骨肉全给扔了。匪夷所思，实在是匪夷所思。

卢梭和伏尔泰都是法国启蒙运动的领袖人物，所谓一山不容二虎，这对冤家互相斗了一辈子，水火不容，其实起因都是些鸡毛蒜皮的小事儿。结果两个人同一年去世，死后都被葬在法国先贤祠，坟挨着坟，做了邻居。

其实卢梭和伏尔泰的思想很接近。卢梭也是个自然神论者，也认为"神"是与宇宙运动变化的始因，但是推动宇宙后"神"就自个儿回家歇着了。实际上卢梭影响最大的思想有三个，一个是"人生而自由平等"，一个是"私有制是人类不平等的根源"，还有一个就是我们都很熟悉的"社会契约论"。人天然就是平等的，私有制使人们之间产生了不平等，而社会契约又使得社会得到平等。所以这三个思想合在一起，正好就是卢梭眼里人类社会发展的过程：平等—不平等—平等。

35. 狄德罗

德尼斯·狄德罗其人

德尼斯·狄德罗（Denis Diderot，1713 ～ 1784 年），生于朗格里，法国著名启蒙主义思想家、哲学家、美学家、文学家、教育理论家，百科全书派代表人物，第一部法国《百科全书》主编。狄德罗持唯物主义无神论思想，主编有《百科全书》。

狄德罗

退学事件

我们来说一个狄德罗小时候的故事吧。

"爸，我不想上学了！"狄德罗满头大汗地跑回家，把书往地上一扔，气喘吁吁地喊着。

"啊？"狄老爸奇怪地盯着自己的儿子，像看一个外星来客一样："你们老师昨天不还夸你聪明吗？说你课堂上的回答经常引起掌声。热烈的掌声。"

"所以我不想学啦！没什么好学的啦！没意思！"狄德罗满不在乎地说。

狄老爸没说话，埋头磨他的剪刀。晚饭的时候，狄老爸认真地看着儿子说："你要是真不想上学，就去我的作坊里做刀吧。"

"没问题！"狄德罗塞了一嘴的面包，高兴地答道："我保证是一个最棒的制刀匠！"

第二天狄德罗高高兴兴跑地去了作坊。不过事实证明，他实在不是一个好的工匠。第一天，他做坏了一把刀；第二天，他做坏了两把刀；第三天，他干脆把制刀的工具全给弄报废了……

第五天的晚上，狄老爸终于忍不住了，他笑眯眯地问正在啃面包的儿子："怎么样？做不了吧？"

"唔……"狄德罗含混地应了一声，继续往嘴里塞面包。

第二天一早，狄老爸刚刚起床，就见儿子急匆匆地往外跑。

"嘿，你上哪儿去？"

"上学！"狄德罗头也没回地应了一声，一溜烟跑远了。

狄德罗效应

女人是天生的购物狂。节假日的时候你去百货公司看看，到处是一脸兴奋两眼放光的女人，在试衣镜前比划着各种千奇百怪的衣服，脑子里在飞速盘算这件衣服搭配什么裙子什么袜子什么鞋子——逛商场让女人小宇宙爆发、脑容量大增。你再看看每个专柜的休息区，男人们提着大大小小的纸袋，没精打采地坐在那儿，耷拉着脑袋，昏昏欲睡。好吧，事实就是这样，男人和女人是两个完全不同的物种。

女人的很多行为男人实在是没办法理解的。女人淘到一串漂亮的项链，为了搭配项链，她会置办眼影腮红抹胸外套花苞裙打底裤高跟鞋外加一个手袋，就只为了配一串项链。想不通啊想不通。

你有没有听过狄德罗和长袍的故事？狄德罗一辈子强调物质是唯一的实体，这个彻底的唯物主义者对物质确实也很有追求。

话说有一天，狄德罗穿着那件已经洗得发白的灰色旧睡袍坐在书房里看书，这时候他的一个朋友来拜访。这位仁兄看着狄德罗的旧睡袍直摇头："狄老兄啊，你好歹也算是个名人了，怎么还穿个这么磕碜的睡袍啊，赶明儿我给你送件新的！"

第二天这位老兄真的送来一件新睡袍。狄德罗兴冲冲地换上，对着镜子一看，嘿，你还别说，还真是不一样。面料，那叫一个细腻柔软；做工，那叫一个精密考究；图案，那叫一个雍容华贵。狄德罗高兴呀，脸上笑成了一朵花儿。但是笑着笑着，他开始觉得哪儿不对劲了……哪儿不对劲呢？狄德罗左看看右看看，终于发现问题了：穿着这么漂亮华贵的睡袍，坐在这些灰蒙蒙破烂烂的旧家具周围，实在太不协调了，风格完全不搭嘛！狄德罗咬咬牙，换！

换什么？换睡衣？狄德罗可舍不得。那就换家具吧。先是书桌，然后是椅子，最后是书柜，狄老先生一件一件地都换掉了。狄德罗穿着华美的睡袍，抚摩着崭新的家具，真是满足哇！他一会儿看看睡袍，一会儿看看家具，很满意，很满意。这个时候他偶然一低头，完了，他看见了地毯。跟新家具比起来，那地毯的图案真是太老土了，那些针脚也粗得吓人。狄德罗这时候的感觉只有四个字：如鲠在喉。换吧，那么多家具都换了，还在乎一个地毯吗……等所有的新鲜劲儿都过去，狄德罗后悔了，他终于发现，他自己被一件睡袍给胁迫了。

200 年后，经济学家发明了一个词儿，叫做"狄德罗效应"，说的就是我们常常干跟狄德罗差不多的事儿。这事儿吧，你知道也就行了，要想改变什么，那基本上是不可能的。

生平和思想

狄德罗出生于法国外省一个富裕的刀剪作坊主家庭，小时候就非常聪明。他老爸一直想让他学个医学啊或者法学啊什么的，以后搞个医生啊律师啊之类的体面职业干干。可惜狄德罗死也不肯学医学和法学，于是狄老爸一气之下断了他的经济来源，从此狄德罗在巴黎过上了一穷二白的生活。狄德罗精力充沛、兴趣广泛，哲学美学文学教育学，没有他不喜欢的，没有他不懂的。你很难说他是个什么家，也许应该叫杂家吧——让这么个人来编百科全书真是太合适了。

狄德罗是启蒙运动百科全书派的代表人物。之前的启蒙思想家，像伏尔泰啊孟德斯鸠啊卢梭啊，他们都是自然神论者，到了狄德罗这里，成了彻彻底底的唯物主义者和无神论者。什么是唯物主义我就不用多解释了吧。狄德罗说物质是这个世界上唯一的实体，只有物质才是实实在在的东西，其他什么上帝之类玩意儿的都是虚无缥缈的。不过，比较玄幻的是，狄德罗认为物质具有感受性，也就是说物质是有感觉的。有的物质感受性迟钝一点，比如桌椅板凳大石头；有的物质感受性强一点，比如有机物；而感受性最最最强的物质，那毫无疑问就是人了。狄德罗还说，运动是物质固有的属性，所有的物质都具有运动的能力，都在运动，而所谓静止只不过是相对的、暂时的。

另外，狄德罗还提出了认识世界的主要方法，这些方法是：观察、思考和实验。

36. 霍尔巴赫

保尔·昂利·霍尔巴赫其人

霍尔巴赫

保尔·昂利·霍尔巴赫 (P. —H. D. Huo'erbahe，原名亨利希·梯特里希，Heinrich Diefrich，1723 ~ 1789 年)，生于德国巴伐利亚，法国启蒙运动时期重要的无神论思想家和唯物主义哲学家，百科全书派代表人物之一。霍尔巴赫建立了系统的机械唯物主义理论，强调世界统一于物质，提倡无神论，指出宗教是"神圣的瘟疫"。著有《自然的体系》《健全的思想》《揭穿了的基督教》《神圣的瘟疫》《自然政治》等。

禁　书

"砰！"皮埃尔把怀里的大铁箱子重重地往地上一扔，捋了捋脏兮兮的头发，两手按着后腰一左一右地扭起来。

"嘿，那家伙出去啦！"

"唔？"皮埃尔伸长脖子往远处看，一个军官拿着鞭子一边敲着自己的腿，一边往更远处走开了。

"该死的家伙，最好永远别回来。上帝保佑，让他被马踢死吧，或者，嗯，被狗咬死也行……"老马克一屁股坐到地上，背靠着大铁箱子，一边在衣服里摸索着，一边嘴里絮絮叨叨地说个不停。

皮埃尔一脚踢开几个破铁罐，挨着老马克也坐了下来。

"小伙子，尝尝我这个，正宗老刀牌，英国佬的香烟就是好！"

皮埃尔把沾满油污的手在裤子上使劲擦了擦，接过老马克的烟点起来。

"嗳，你小子是犯了什么事儿给充军的啊？"老马克捅了一把皮埃尔，把黑黢黢长满胡子的脸凑过来，嘴里呼着臭气神秘兮兮地说："像你这么大的小子，多半是为了女人吧？"

"啊，你听过霍尔巴赫吗？"皮埃尔一下子来了精神。

"没有。是个漂亮妞？"

"啊，是个哲学家。他写了个《揭穿了的基督教》。"

"上帝保佑他，那家伙要揭穿基督教？他疯了吧，他们会弄死他的……不过这跟你有什么关系？"

"那是本禁书，反对教会的。我藏了一本，被他们搜出来了。后来他们把我关了起来，再后来我就到这儿了。"皮埃尔吸了口烟，悠悠地说。

"你真是有毛病！"老马克猛吸一口，把烟头弹得老远。

生平和思想

霍尔巴赫生于德国巴伐利亚一个商人家庭，不过他 12 岁就跟着老爸移居到法国，所以基本上算是个法国人。霍尔巴赫同学青少年时代就深受启蒙思想的影响，大学毕业后就加入到狄德罗的百科全书团队中，渐渐成为百科全书派的重要成员。

如果要给霍尔巴赫哲学贴上标签的话，无疑是这么两个："机械唯物主义""无神论"——贴标签往往会让人思想僵化，不过有的时候也是让你快速认识一样东西的好办法。启蒙运动时代法国哲学的最主流思想就是机械唯物主义，而霍尔巴赫的机械唯物主义是其中最为完整最为系统的。霍先生说，所谓物质，就是以任何一种方式刺激我们感官的东西。自然是实实在在的东西，除了自然以外，什么也不存在，自然是物质和运动的汇总，人也是自然的产物，是肉体和灵魂的统一。总而言之，世界统一于物质。霍尔巴赫还认为，运动是物质的属性，所有物质都是运动的，这种运动是物质自发的，并没有上帝之类的"第一推动力"来推动万物运动。在霍尔巴赫眼里，整个世界都是处在一个必然的因果锁链之中的，所有的结果都是必然的。只讲必然，不讲自由，这就是典型的机械论啊，所以霍尔巴赫的标签上要写着"机械唯物主义"。

霍老先生的名言是："宗教是神圣的瘟疫。"他写了很多反宗教的无神论作品，揭露宗教的种种欺骗性。他的这些思想太过拉风，引起了国家和教会的强烈恐惧，因此霍尔巴赫的很多书都被禁毁。

霍尔巴赫去世半年之后，波澜壮阔的法国大革命爆发。霍前辈的思想对这场人类历史上最著名的革命产生了巨大影响。有时候，哲学的力量，比你想象的大得多。

37. 康德

伊曼努尔·康德其人

康德

康德（Immanuel Kant，1724 ~ 1804 年），东普鲁士哥尼斯堡（今俄罗斯加里宁格勒）人，近代西方最著名的哲学家之一，德国古典哲学的奠基者，对后世影响深远。康德持唯心主义和不可知论观点。代表作有三大批判，《纯粹理性批判》、《实践理性批判》、《判断力批判》。

时间混乱了

兰普看了看钟，没错呀，已将下午三点半了，康德怎么还没下来？这可不像他。平常这个时候，康德一定穿着他的灰色大衣，拿着手杖，准时站在门口准备散步去了——30 年来从没变过。其实何止是散步，康德老先生从起床、上课堂、写文章，一直到喝咖啡、吃饭、睡觉，时间从没变过。"他肚子里是不是装了一个精密的时钟？"有时候兰普会想。所以你可以想象，当三点半老先生还没下楼来的时候，兰普是多么诧异。

"先生，已经过三点半了，该是散步的时候了。"兰普犹豫了一会儿，还是决定上楼去叫康德。

"啊，兰普，你猜我想到了什么！"驼背的小老头并没有等兰普去猜，兴奋地接着说："事实上我们是没有办法认识那些真正的事物的。我们最多只能认识事物刺激我们感官所引起的感觉表象。这些表象并不就是真的。你看，这就是世界的真相！"

"所以……"

"所以我得赶紧把它们写下来啊！"

"不散步了？"

"不了。"

"你什么时候才能把后面的花园拾掇出来？那里面已经全是杂草啦！你该去种点儿菜，这样我们就可以随时吃到新鲜的蔬菜了，也不用我每天为了买点儿菜跑那么远的路。你知道我今天在菜场碰到谁了吗？说出来你保准不信……"

"够了够了，你这个懒女人，还不快去做饭，你看看都几点了，你想饿死我们全家吗？"马科斯大叔抱着头喊道。

雷娅大婶停住了话头，奇怪地看着马科斯："几点了？"

"过四点啦！"

"你看见康德教授经过我们家门口了？"

"哪个康德教授？"

"就是那个天天穿个灰大衣拎着拐棍散步的小老头啊！"

"啊……好像没有……但是你没听到教堂的钟敲了四下吗！"

"嗨，一定是教堂敲钟的那个倒霉孩子弄错啦！我在这儿住了几十年啦，从来都是看见康德教授走过去，才开始做饭的。他经过我们家门口的时候一定是下午四点整，几十年从来没错过。要知道住在一个地方久了，就会对一切都很熟悉，我甚至闭着眼睛都可以穿过前面的菩提树小道……"

"好了好了好了，那就等那个小老头儿经过再说吧，现在你给我闭嘴安静会儿！"马科斯大叔不耐烦地说。

可怜的雷娅大婶，她和她的一家注定要度过一个饥饿的夜晚……

我只是想安静点儿

在哥尼斯堡大学，一个无教席讲师是拿不到几个钱的，一个月的薪水只够买三五个面包，连肚皮都喂不饱。不过除了少得可怜的薪水之外，讲师上课是要收听课费的——学生当堂交钱。正因为如此，尽管康德先生只是个无教席讲师，但他可从来不缺钱——他的课被称为哥尼斯堡大学史上最火爆的课，每次连过道和门口都挤满了学生——这让康德先生很困扰，因为他不得不带一个很大的袋子来装听课费。听康德先生的课，你必须准备好两块手帕，一块用来擦笑出的泪，一块用来擦哭出的鼻涕。康德先生的大脑袋里装满了各种稀奇古怪的想法，一堂课总是在这样的哭哭笑笑、吵吵闹闹中过去，但你回头想想，这一课还真值得细细品味。这大概是上课的最高境界了。

你以为上一堂课很容易？至少康德先生不这么认为，上课前他得花大把的时间备课。他原本住在一个监狱边上，每天早上囚犯们都要卖力地大唱宗教的颂歌——据说谁唱得最大声谁就可以减刑。这下可怜的康德老师可受不了了——他可没有一边备课一边听颂歌的闲情逸致。让监狱搬家显然有点儿难度，不过好在康德先生这些年攒了不少钱，并且哥尼斯堡的房价还没高到今天这么变态的地步，所以他咬咬牙，又重新买了一栋房子。

康德先生是喜欢安静的，这一次买房他可是慎重又慎重，特意选了一个四周空旷、远离闹市的地方。搬进新家的时候，他推开窗，闭上眼深吸一口清新的空气，一边远眺着如黛的山色一边庆幸着自己终于获得了宁静。

当然了，如果故事到这里就结束了，那也就不成其为故事了。一般来说，王子与公主从此幸福地生活在一起的情节只出现在童话里，而成年人则喜欢看别人的笑话——比如康德的笑话。

我们刚刚说到康德搬进了新家，终于获得了宁静。不过这种宁静是暂时的，因为第二天一早——很早很早，早到天完全还没有要变亮的意思——康德就被一种生物发出的动静给惊醒了。确切地说，那是公鸡打鸣的声音。不得不说，康德先生对声音实在是敏感得有点

康德经常散步的"哲学家小径"

儿过分，他觉得公鸡打鸣也严重影响了他宁静的世界。面对这个困扰，

康德先生像上次一样，决定用钱来解决——他找到公鸡的主人，掏出钱来买下了这只公鸡：

"喏，请把这只公鸡卖给我吧，我付给你十倍的钱。"

公鸡主人倒也爽快，收钱，交鸡。不过就在康德拎着鸡转身要走的时候，那主人又开口了："卖给你当然是没问题的，不过你可要善待那只鸡，好好养着！"

从此以后，康德邻居家再也没有鸡叫了——因为那只鸡搬到了康德家。

康德先生只不过想安静一会儿，但显然他命中注定得不到安宁。

生平和思想

康德长了一个 XXXL 号的大脑门儿，金发碧眼，面色红润，不过身高不到 1.6 米，两个肩膀一高一低，身材实在有点儿对不起观众。他出生在哥尼斯堡，在哥尼斯堡上的小学，在哥尼斯堡上的中学，在哥尼斯堡上的大学。大学毕业后在哥尼斯堡工作，最后在哥尼斯堡逝世，终身未婚——这倒不奇怪，很多哲学家都找不着老婆。（我们可以盘点一下，在光棍哲学家的队伍中，除了康德之外，至少还有笛卡儿、帕斯卡尔、斯宾诺沙、霍布斯、莱布尼兹、洛克、休谟、叔本华、尼采和克尔凯郭尔，快赶上一打了。）康老先生一辈子没离开过小城哥尼斯堡，但是这一点儿也不妨碍他在思想中纵横驰骋。所以我们常说那句话，你可以禁锢一个人的身体，但永远不可能禁锢一个人的心灵。请永远保持你心灵的自由。

康德小朋友从小就身体不好，用他自己的话说，"我胸腔狭窄，心肺勾当空间均不够，天生就有疑病症偏向，幼时甚至十分嫌弃人生。"但是好在他很听医生叔叔的话，一辈子生活都非常有规律，每天几点几分起床几点几分吃饭几点几分看书写作散步，非常精确，误差只能用秒来计算。我们来看看康先生几十年如一日的日程安排：凌晨 4：45 仆人浪泊叫醒康德。康德命令：无论自己怎么赖床，浪泊都必须想尽办法把他从床上弄起来。凌晨 5：00 喝两杯茶，抽一斗烟（康德给自

已规定每天只抽一斗烟，不过他的烟斗越变越大），开始备课。早上
7：00—9：00在自己家的教室上课。9：00—12：45写作。12：45
下楼待客。下午1：00—4：00与自己点名约请的朋友共进午饭。
4：00—5：00是著名的散步时间。散步回来后一直看书到晚上10：00。
康德的书斋温度要求永恒固定15℃。晚上十点一到他立刻上床，而且
一沾枕头就睡着。为保障睡眠的连续性，康德在夜壶上绑了根绳子，夜
间尿尿不用下床，直接拽过夜壶就行了。

　　康德一直觉得自己身体不好，所以除了生活极其规律之外，还有
很多莫名其妙的想法，比如他认为不能张嘴呼吸，不然会得风湿，所
以他一直用鼻子呼吸；他觉得人的体液里有大量的营养，决不能轻易
流失，所以他从来不干淌汗啊流口水之类的事儿。另外，他还认为性
爱会使人加速衰老，会死得更快，不知道他终身未婚是不是也是这个
原因。不过康德自己倒是主动说过他不结婚的原因："当我需要女人时，
我养不起她们；当我养得起时，我不需要了。"说白了就是康先生养不
起女人啊。

　　康德家里穷，他上大学的时候唯一的裤子坏了，他只好天天宅在
宿舍里不敢出门。他大学还没上完，老爸就去世了，康德只好退学去
做家教，赚了钱来养弟弟妹妹。等弟妹们成人之后，康德又杀回哥尼
斯堡大学，做起了讲师，先后教过思维规律、形而上学、人的总称学、
道德哲学、伦理学、天然神学、算术、物理、力学、美学、地理、生
物、教育学、天然法……（真是牛人！）康老师课讲得很好，各种逸
闻趣事奇思妙想常常引得学生哄堂大笑或者当场落泪。关于教学，他
说了一句话："我不是教你们哲学，而是教你们如何进行哲学思考。"我
太同意了。

　　在我们今天的大学里有一件非常悲剧的事儿：衡量一个教师的优
劣是看你在核心期刊上发表多少多少篇论文，而至于你教书教得怎么
样，没人会管你。康德当了教授以后，常年没有文章发表，于是成为
德国学术界的头号笑柄。康德没办法，只好写了一本书，这就是名垂
青史的《纯粹理性批判》。

　　康德最重要的三本书是《纯粹理性批判》《实践理性批判》和《判

断力批判》，合称"三大批判"，他在三本书里面分别回答了真、善、美的问题。

康德创造了一个词，叫做"自在之物"（又译"物自体"），这个"自在"可不是我们平常所说的自由自在，想干吗就干吗，这里的"自在"意思就是自己存在，不依赖于其他东西而存在。康德说我们日常生活的这个世界是"此岸世界"，而在这个世界对岸，还有个"彼岸世界"。"彼岸世界"就是"自在之物"的世界。那个世界我们普通人是没有办法认识的，我们充其量只能认识"自在之物"的外在表象，这些表象是不是真的就是"自在之物"本来的样子，谁也不知道。

康德一直在考虑一个问题：我们怎么样认识事物。他认为人的认识分为三种：感性认识、知性认识、理性认识。理性认识是最高级的，这种认识的目标是想要去认识那个"自在之物"的本来面目。但是，人是不可能认识那个"自在之物"的，所以理性认识永远在追寻"自在之物"的路上，永远也到不了终点。我很喜欢康德的这个解释。宇宙的本源是什么？人生的意义是什么？宇宙之外是什么？时间尽头是什么？死后还有来生吗？我是谁？也许人类永远没有办法对这些根本性的问题得出一个确定无疑的答案，但是我们并不会因为得不出答案，就放弃去思考、去追寻。人永远"在路上"，这大概就是人类的"原罪"吧。人类注定要为这些问题而纠结，但我想，这应该是一种最为高尚的纠结吧，因为正是这些纠结使得人与其他一切存在物区别开来。

康德80岁的时候在哥尼斯堡逝世。临死前他的学生把康德的三大批判搬到床头，想让他在自豪中离开人世。奄奄一息的康德抬头看了看三本书说："要是能把这些书换成孩子就好了。"他死的时候形容枯槁，瘦得只剩下骨头了，简直像一具木乃伊。当时正好是冬天最冷的时候，土地冻得根本没法挖，所以康德的遗体被放了半个月才下葬，于是哥尼斯堡人争相排着长队去瞻仰这个城市迄今为止出现的最伟大的人。康德死后，人们在他的墓碑上刻下了他在《纯粹理性批判》最后一章中说的一句话："有两种东西，我对它们的思考越是深沉和持久，它们在我心中唤起的惊奇和敬畏就会日新月异，不断增长，这就是我头顶的星空和心中的道德律令。"

38. 费希特

约翰·戈特利布·费希特其人

约翰·戈特利布·费希特（Johann Gottlieb Fichte，1762～1814年），生于普鲁士萨克森，德国古典哲学家。他反对康德的"自在之物"说，强调精神性的"绝对自我"。著有《对德意志民族的演讲》、《论人的使命》等。

费希特

致命的拥抱

"所以我说，万事万物都依赖于一种精神性的东西，我们称为'自我'。'自我'创造了世界。"

"咚咚咚……"费希特刚刚说完，下课的钟就敲响了。准确把握上课时间，这是老教师的基本功。

"而我的题外话是，只要我们每一个人严守职责，不辱使命，拿破仑的大炮是永远也摧毁不了我们的！普鲁士人是永远打不垮的！下课。"费希特急急地说完，胡乱收起讲台上的几张稿子，小跑着出去了。

"约哈娜，约哈娜……"费希特闭着眼睛，努力撑住被马车颠得东倒西歪的身体，嘴里不停地念叨。两个小时前约哈娜已经病得睁不开眼，看上去随时都会死掉。没有办法，作为柏林大学的校长，在这个国难当头的时候，他必须去履行职责，每一堂课都得上完。费希特吻了吻约哈娜的额头，还是转身去了学校。也许是最后一个告别的吻了，他想。

热病是一种可怕的传染病，一旦传染上，很快就会发作，致死率极高。但是费希特没有想到，当他赶到医院的时候，他的爱妻面色红润地躺在床上向他微笑。

"谢天谢地，危险期已经过去了，现在没有生命危险了。"护士说。

费希特没有说话，他一步跨到床边，把约哈娜紧紧抱住。

"轻点儿轻点儿，你勒得我喘不过气来啦！"约哈娜笑着轻声说。

有一种蹩脚的电影专会戏弄观众，几分钟的时间里，悲剧变喜剧，喜剧又变悲剧，让观众跟着大喜大悲。命运有时候也会玩儿这种把戏。

费希特在拥抱妻子的时候，感染了热病，不久后病逝于柏林，时年 52 岁。

生平和思想

费老爸是一个专门给人织带子的手工工人，费希特从小就生活在贫困之中，后来在一个贵族的资助下才有钱去上学。说到贵族资助费希特的事儿，这其中还有个故事。费希特从小天赋异禀，记忆力惊人。话说费希特小朋友 9 岁那年，有一个贵族想到他们村里来听牧师的布道，但是赶到的时候布道已经结束了，这个贵族就很懊恼，这时候边上有人说，没事儿，我们这儿有个孩子记忆力超强，他肯定能把布道给背下来。那贵族将信将疑，跑去找费希特，小费希特在这个决定他命运的重要时刻一字不差地把刚才牧师的布道词全复述了出来。那贵族一看，这孩子是个可造之材啊，于是决定出资资助他上学。这样费希特才走上了求学之路，否则的话，哲学的天空上永远不可能有一颗叫做费希特的星星。

费希特年轻的时候对康德非常景仰，专门跑到哥尼斯堡去拜访康德，从此在康德的帮助下开始搞哲学。费希特最早成名也是因为他对康德哲学的阐释。他匿名发表的一本小册子被人们误以为是哲学泰斗康德的著作而竞相传阅，后来康德站出来说，这不是我写的，这是个叫做费希特的小子写的。从此费希特一举成名。但是正所谓"吾爱吾师，吾更爱真理"，这种故事一再上演。费希特越来越觉得康德哲学不太合理，最终走上了批评康德哲学之路。

　　费希特向康德开炮，火力最集中的地方就在"自在之物"。在他看来，既然"自在之物"不可认识，那它自然也就不存在了——"自在之物"实在是一个累赘。在这个基础上，他提出了一个命题："自我设定自身和非我"。这句话超级绕口——哲学家们总是喜欢弄些叫人听不懂的话。我们还是简单点儿吧，实际上这句话的意思是说，我自己的精神意识造就了我自己，也造就了整个世界。

39. 谢 林

谢林

弗里德里希·威廉·约瑟夫·冯·谢林其人

弗里德里希·威廉·约瑟夫·冯·谢林（Friedrich Wilhelm Joseph von Schelling，1775～1854年），生于符腾堡，德国古典哲学家。提出"绝对同一"思想，著有《对人类自由本质的研究》等。

月圆之夜

德国有一个古老的传说——月圆之夜一定会有诡异的事情发生。看守人雷奥拎着两截香肠和一瓶好酒，披着大衣在静悄悄的校园里面胡乱走了一圈，就早早回到值班室里，锁好门爬上了床。

图宾根神学院那些哥特式的巨大尖顶在模糊的月光下影影绰绰，像一只只尖利的爪子，不知道要伸向何方。在这些爪子的缝隙里，有几个人影在晃动。

"你确定看守人已经睡觉了？"

"确定确定，我亲眼看见他上了床。"

"那抓紧挖啊，黑格尔。要是磨蹭到天亮我们就完啦！"

"知道知道！"黑格尔嘟着肥肥的腮帮子吐出一口气："哎，谢林，巴黎有没有什么最新消息？"

"路易十六逃跑啦，但是在半路上被人抓了回来。所以我说啊，"谢林把铁锹狠狠地砸进土里，顿了顿说，"所以我说，有那么一种无意识的，说不清道不明的精神主宰着世界。路易十六再聪明也逃不过的！"

"挖得够深了，把树苗拿过来。"

清晨的阳光刺进看守人的小屋，雷奥舒服地伸了个懒腰从床上坐了起来。"好天气。"雷奥望了望窗外自言自语地说。"嗯？"外面好像哪儿有点不对劲，但是一下子又想不出来哪儿不对……

再过一会儿，图宾根神学院的师生就会看见了，校园里多出了一棵树苗，树上的木牌刻着："自由之树：为自由而奋斗的事业永不停歇。"

生平和思想

从前有个学校叫图宾根神学院，这个学校里有个班，班上有四个人：歌德、荷尔德林、谢林、黑格尔。如果我是这个班的班主任，我做梦都能笑醒。

歌德和荷尔德林不是哲学家，黑格尔我们后面再说，现在先来看看谢林同学。谢林生于符腾堡附近一个新教徒家庭。谢林的一生，是典型的学者——他一辈子基本上都在大学里度过，从耶拿大学到维尔茨堡大学，再到爱尔兰根和到柏林大学，他跑了一所又一所大学，写了一本又一本书，最后，在他去瑞士旅行的途中，终于告别了这个世界，享年 79 岁。

谢林当年也是沐浴在费希特哲学的光辉下成长起来的，最后挥别费希特哲学，形成自己的哲学体系。他的哲学里面最为核心的一个词是"绝对同一"。什么是"绝对同一"呢？谢林把这个叫做"绝对同一"的东西搞得神神秘秘，其实他自己也讲不清它到底是什么，总之，"绝对同一"就是个无意识的东西，这个东西主宰着自然和历史的进程，主宰着一切。思维和存在、物质和意识都在"绝对同一"那儿汇合。

40. 黑格尔

黑格尔

格奥尔格·威廉·弗里德里希·黑格尔其人

格奥尔格·威廉·弗里德里希·黑格尔（Georg Wilhelm Friedrich Hegel，1770～1831年），生于符腾堡斯图加特，西方最重要的哲学家之一。黑格尔以"绝对精神"为核心建立了规模宏大的客观唯心主义体系，对后世影响深远。著有《精神现象学》《逻辑学》《哲学全书》《法哲学原理》。

我看见拿破仑啦！

"我看见拿破仑啦！"黑格尔一边跌跌撞撞地走进房间，一边高兴地高声说。

谢林从书桌上抬起头来，奇怪地打量着他的老同学：油腻腻的头发被汗水浸透了，胡乱地耷拉在脑袋上；脸上一道黑糊糊的东西从左脸颊一直延伸到鼻头；没有穿大衣，只有一件皱巴巴掉了一颗纽扣的马甲团在身上，像是刚从哪个草垛子里钻出来。

"你这是怎么啦？见鬼啦？"谢林看着黑格尔的滑稽样，忍不住笑着问。

"我看见拿破仑啦！趾高气扬地骑在马上！"

"你疯啦，法国人昨天就打进耶拿了，你还上街乱转悠！"

"你知道的，他是法国大革命最伟大的继承者，他就是自由思想的象征，是绝对理念的象征！"黑格尔一边在屋子里走来走去，一边自顾自地说："绝对理念，那是一种宇宙中的精神，万事万物只不过是它的影子。而拿破仑，一定是最完美的一个影子！"

　　"好了好了，你先告诉我，你是怎么弄成这副模样的？"

　　"啊？"黑格尔愣了愣："啊，后来我被法国人发现了，他们抢光了我的钱，还有大衣。"

　　"呃……"谢林刚要开口，黑格尔又接着说："没什么没什么，好事有时候会变成坏事，坏事有时候会

黑格尔的偶像拿破仑

变成好事，你瞧，至少我见到了拿破仑啊……不过，现在你最好能借我一件大衣……"

告诉太太去

　　天气实在太热了，黑格尔额头上挂满了汗珠，那些汗珠一开始从皮肤渗出来，细细密密，渐渐地汇成大滴的水珠，顺着额头以极慢的速度往下流，等流到一个极限便再也承受不住，突然滴下来，吧嗒一下落在纸上。黑格尔从早上一起床就坐在书桌前看书，这会儿已经夕阳西下，他动都没动，家里人都不敢叫他吃饭——谁胆敢打断黑格尔先生看书，那等着他的一定是一阵咆哮。当然这是在一般情况下，如果出现特殊情况，还是不得不打扰一下黑格尔先生的，比如失火。

　　"不好啦不好啦！"老管家咚咚咚地砸黑格尔书房的门。

　　黑格尔恼火地站起来，气急败坏地冲到门口，猛地打开门，老管家一下跌进门里。

　　"怎么啦！谁让你来吵我！"

　　"不好啦老爷，家里着火啦！"

　　"我跟你说过多少次，家务事我不管，去告诉太太去！"黑格尔大

吼着把管家推出去，嘭一声关上了门。

生平和思想

　　毫无疑问，黑格尔是哲学史上最最重要的哲学家之一。黑先生生于德国斯图加特一个小公务员家庭，他的履历非常简单：读了五年大学，当了七年家庭教师，在耶拿大学教了七年书，在纽伦堡一个中学当了八年校长，然后跑到海德堡大学又教了两年书，48 岁的时候终于来到柏林大学，十一年后当了柏林大学校长，过了三年，感染上霍乱，从此告别人世。黑格尔写了好多好多书，并且更牛的是，在他做了柏林大学校长以后，他的哲学被钦定为普鲁士国家哲学。

　　黑格尔年轻的时候正好是法国大革命爆发的时候，这个热血青年无比激动，到处参加政治活动鼓吹革命。他是拿破仑的骨灰级粉丝，对拿破仑狂热崇拜，说他是"世界精神"的代言人。不过黑格尔晚年的时候成了普鲁士的国家哲学家，开始唱起了赞歌。

　　黑格尔创造了一个概念叫做"绝对理念"，这种"绝对理念"是一种存在于天地间的客观的精神。这就有点玄了，我们只知道每个人有每个人的精神，黑格尔却说天地间都有精神，客观的精神。黑格尔老先生说，这种"绝对理念"是一种"宇宙精神"，是创造宇宙万物的本源，也是人类发展的动力。我们看见的所有东西都是这个"绝对理念"创造的。

　　黑格尔在这个基础上建立起一个非常庞大非常吓人的哲学体系，而且这个老先生说的话太深奥，不太好懂，所以想啃黑格尔，那是一件痛苦的事儿。但是黑格尔又是学哲学的人谁也绕不过去的一个重要人物，所以说，学哲学从来不是一件轻松的活儿。哦，对了，黑格尔还创造了一个非常伟大的东西：辩证法。辩证法嘛，用最简单的十六个字来概括，就是"对立统一、矛盾运动、普遍联系、永恒发展"。

41. 费尔巴哈

路德维希·安德列斯·费尔巴哈其人

路德维希·安德列斯·费尔巴哈(Ludwig Andreas Feu-erbach，1804 ~ 1872 年)，出生于巴伐利亚，德国著名哲学家。持人本学唯物主义观点，著有《上帝、自由和不朽》、《神统》等。

费尔巴哈

哲学家的墓前

　　纽伦堡郊外的秋天干燥而且寒冷。一夜的秋风，地上枯黄的树叶又多了厚厚一层。瘦骨嶙峋的梧桐树徒然地伸出光秃秃的树枝，像是要抓住什么东西。这种萧瑟的天气让本来就人烟稀少的墓地更是显得静悄悄。

　　守墓人老约翰从小屋子里探出头望了望，一大早就来给最东边那个新坟扫墓的那帮人已经走了。那是几个奇奇怪怪的人，穿着蓝色粗布的背带裤，一副工人打扮，鬼鬼祟祟地抬着几个花圈，直往东边去。

　　老约翰围着墓地转了一圈，静悄悄的，什么人都没有，只有秋风卷着几片树叶在地上打转。

　　"不会有人来啦……"老约翰喃喃地说。多年独自看守墓地的生活让他养成了自言自语的习惯。他抖了抖手，转到东边新坟的边上。

　　"啊哈，你好，新来的费尔巴哈先生。"老约翰一边说话一边翻了翻那几个小小的花圈："哈，看来你的朋友也不是什么阔绰的人。让我来看看上面都写了什么。"

　　"他恢复了唯物主义的权威，把人重新拉回到现实的物质世界。这一伟大贡献将光耀千古……"老约翰念了两句，耸了耸肩："最近的工人越来越鬼鬼祟祟了。来看看你的工人朋友都叫什么名字，啊哈，卡尔·马克思，威廉·李卜克内西……"

"好吧好吧。"老约翰实在没什么兴趣再去研究那几个花圈，他直起身子揉了揉腰，往远处去了。

秋风又呜呜地刮起来，几片树叶被卷起来在半空中转了几圈，又落下了。

生平和思想

费尔巴哈出自书香门第，老爸是个刑法学的教授。费尔巴哈本来是个大学讲师，不过他的思想在当时人看来有点儿"非主流"，与基督教教义严重不符，加上这位老兄不太善言辞，上课上得太烂，最后被大学给开除了。失业以后的费尔巴哈日子过得相当困难，不过好在他老婆在一家制瓷厂里有点儿股份，一家子靠这点儿股份分红勉强还能过日子。但是好景不长，这个制瓷厂没几年就倒闭了，没了生活来源的费尔巴哈只好搬到纽伦堡，靠朋友接济为生。所以费爷爷基本上一辈子都在靠别人过活。当然啦，你并不能说费尔巴哈先生的一生是吃软饭的一生——人家在哲学上的贡献可是巨大的。

想当年，费尔巴哈是个坚定的黑格尔主义信徒，在上大学的时候就是黑格尔的铁杆粉丝。但是他渐渐觉得黑格尔的"绝对理念"不太靠谱，于是他创立了一个叫做"人本学唯物主义"的东西。他认为自然界是一个客观存在的物质世界，而人是思维和存在的统一。至于所谓的"上帝"，只不过是人按照自己的想象创造出来的，人被自己的创造物"上帝"所奴役，实在是一件很奇怪很悲剧的事情。所以费尔巴哈号召大家把对上帝的爱变成对人的爱。费大爷非常喜欢"爱"这个东西，把爱上升到哲学的高度，说是要建立"爱"的宗教。真是一种含情脉脉的哲学啊……

42. 马克思

卡尔·马克思其人

马克思

卡尔·马克思（Karl Marx，1818～1883年），生于德国莱茵省南部特里尔市，著名政治家、哲学家、经济学家和无产阶级革命理论家，科学共产主义的创始人。哲学上主张辩证唯物主义和历史唯物主义。著有《资本论》《共产党宣言》《关于费尔巴哈的提纲》《德意志意识形态》《1844年哲学经济学手稿》等。

马克思的浪漫

在特里尔，仲夏是最迷人的季节——在温暖而湿润的空气里，摩泽尔河如少女般安静地流淌。夕阳照在水面的潋影，泛出葡萄酒一样醉人的光泽。而两岸的葡萄园里飘来的醇厚香味，更让人以为摩泽尔本就是一条流着葡萄酒的河。

夏天的风吹在身上颇为舒服，卡尔和燕妮就这样并排坐在河畔的草地上，像是下定了决心要做成夕阳下的金柳。

"对了……"卡尔偷偷瞥了眼燕妮，直了直身子，轻轻地说。尽管从小就认识，这个波恩大学的大一男生跟身边的女孩儿在一起时还是无比羞涩。

"嗯？"燕妮微笑着转过头，看见卡尔绯红的脸颊，禁不住也脸红起来。

"扑通"，一只青蛙跳进河里，惊得河水泛起一圈圈的皱纹。卡尔沉吟半晌，终于开口急急地说："我已经找到真爱了！"

"什么？"燕妮伸长脖子睁大眼睛迷惑地望着卡尔，似乎她的伙伴做了什么令人惊奇的事情。

"我想……我已经找到……我爱的女孩儿了……"卡尔迟疑地说。

"哦……"燕妮把头转向河面，把身体缩成一团，悠悠地说："你爱她吗？她很漂亮吧？"

"当然！她是我见过的最漂亮最好的女孩儿！"卡尔忽然开心起来，冲着燕妮大声说。

"那……"燕妮停了好一会儿，才想起来话没说完，赶紧补上："那祝福你们……"

"你不想看看她的照片么？"卡尔从口袋里掏出一个雕刻精美的小盒子，一把塞到燕妮的手里。

盒子沉甸甸的。燕妮打开盒子，只看见一面小小的椭圆形镜子，镜子里的姑娘脸色绯红……

马克思的笑话

在我看来，马克思在哲学领域最有创意的事儿就是引入了"实践"的概念。那句话怎么说来着："哲学家总是用不同的方式解释世界，而问题在于改变世界。"在马克思先生看来，一切不能作用于实际的哲学都是扯淡。

马克思的一大爱好是给孩子们讲故事，有一次他在给二女儿劳拉的信里讲了个笑话，这个笑话也算是包含了马克思"实践"的观点吧。

说从前有一个船夫在湍急的河水里划船，船上坐了位倒霉的哲学家。那哲学家坐在船上实在无聊，就跟船夫聊天。

"嘿，船夫，你懂不懂历史？"

"不懂。"船夫吃力地一边划船一边回答。

"哎呀呀，太可惜了，不懂历史你就失去了一半生命啦！"哲学家一副痛心疾首的样子："那你研究过数学没有？"

"没有！"船夫没好气地说，心想这个莫名其妙的家伙实在烦人。

"哎哟哟，数学都没研究过，那你就失去一大半生命咯！"

哲学家刚说完，一阵狂风袭来，小船在河中间打了一个转，翻了。

"你会游泳吗？"船夫一边蹬水一边喊。

"不会……噗……不会……"狼狈的哲学家在河里紧紧抓住翻掉的小船，断断续续地喊着。

"哦，真可惜！"船夫笑起来："那你就失去整个生命啦！"

生平和思想

马克思出生在普鲁士莱茵省一个叫做特里尔的小城，父母都是犹太人。马克思顺顺当当度过他的童年，从小学一直念到大学，最后获得博士学位，到《莱茵报》当了编辑，后来又做了主编。在马克思的带领下，《莱茵报》的激进倾向越来越严重，最后终于被政府给查封了。失业青年马克思此时遇见了一个名叫恩格斯的人，从此两人成为至交。作为一个工厂主，恩格斯在经济上毫无压力，一辈子穷困潦倒的马克思，经常要靠他的接济。

马克思25岁的时候终于跟苦等了他7年的美女燕妮结婚。此间马克思一直没有停止撰写各种让政府深恶痛绝的文章和专著，在他27岁那年，普鲁士政府终于忍无可忍，找了一帮流氓把马克思暴打了一顿，然后赶出普鲁士。此后马克思从布鲁塞尔到巴黎、从科隆到伦敦，到处流亡，一边流亡一边写书，写书的间隙还改组共产主义者同盟，参加第一国际，总之成为工人运动的一代宗师。

马克思是一个很伟大的哲学家、思想家，但同时他也只是一个普通人，一个有七情六欲会犯错误的人。永远不要把一个人神化、偶像化。没有人永远是正确的，请用你自己的眼睛观察世界，用你自己的脑袋思考问题。

马克思的哲学概括起来就是两个词：辩证唯物主义、历史唯物主义。马克思把辩证法思维同唯物主义结合在一起，强调了世界的物质统一性和意识的能动作用，并且在物质和意识之间架起了名叫"实践"

的桥梁，这些东西都是很有创造性的。除此之外，马老爷爷还把唯物主义贯彻到历史哲学中去，认为人类历史有规律可循，认为社会存在决定社会意识、经济基础决定上层建筑……哎呀，具体内容你还是回家翻教科书去吧。

Part 3

现代西方哲学家

43. 叔本华

亚瑟·叔本华其人

叔本华

亚瑟·叔本华（Arthur Schopenhauer，1788 ～ 1860
年），生于波兰但泽（今格但斯克），德国现代著名哲学
家、散文家，悲观主义和唯意志主义哲学的代表人物。叔
本华认为世界的本质是非理性的"生存意志"。代表作为
《作为意志和表象的世界》。

寂寞的课堂

我上学的时候极其讨厌上课点名，我觉得只要老师足够优秀，学
生自然会来的。所以我做了老师以后，从来不点名。但是有时候这种
小小的坚持是很痛苦的，有一次我走进教室，发现教室里满满当当，全
是桌子椅子，只有一个学生坐在那儿。于是我想起了叔本华。

叔本华提着布兜路过报告厅的时候，看见门外面闹哄哄的，挤满
了学生。有的站在门口伸长了脖子往里面望，有的自己搬了凳子推开
人群要往里挤，还有的人弓着腰从人缝里钻出来，急急地跑走了。

"哎，这是在干吗呢？"叔本华走到人群边上，问一个小个子学生。

"黑格尔教授的课啊！不过已经没位子了，走道里都占满了，回去
吧回去吧。"

"切！那个不学无术的家伙，满嘴跑火车，没一点真东西，听什么
听！"叔本华突然涨红了脸高声喊起来。

"这人有毛病吧……"人群最后面几个学生回头看了看他，嘀嘀咕
咕地说。

文人相轻的事从来就不少，但是像叔本华这种初出茅庐的小鬼敢跟黑格尔大师叫板的，实在需要点勇气。叔本华看不惯黑格尔，在柏林大学那是人所共知的，但是他敢选择跟黑格尔在同一个时间开讲座，还是让所有人都很意外。

叔本华拎着他的布袋子站在他的教室门口，里面静悄悄的。上次只来了十几个学生，这次估计也不会多。这些小年轻都喜欢赶时髦，肯定都去听黑格尔了。叔本华吐了口气，推门进了教室。

但是他很快又退了出来。叔本华退到教室门口，又抬头看了看门牌，对呀，没走错啊……可是教室里只有两个学生。不管啦，只要有一个人，课都得上啊！

"好，我们上课。我们说世界的本质实际上就是一种意志，或者说就是一种求生存的欲望冲动。我们一辈子都在这种欲望里面挣扎、痛苦……"

"那个……老师……我想我们俩走错教室了……"

我比叔本华幸运，我的学生没有走错教室，所以我曾经上过一堂只有一个学生的课。

烦人的女裁缝

女裁缝奥尔加是个快活的胖女人。她总是脖子里挂着根皮尺，穿着蓝色的围裙，戴着护袖，挺着她肥嘟嘟的肚子四处帮人家量身材。事实上几乎全城人都喜欢奥尔加，因为她满肚子的笑话。"嘎嘎嘎……！"她走到哪儿笑到哪儿，那笑声极有特点，像是刀叉摩擦瓷盘发出的声音。

"啊哈，您早就该再添些衣服啦！嘎嘎嘎……"奥尔加气喘吁吁地爬上楼梯，一见叔本华就嚷嚷开了："你看隔壁老魏施坦因家，每隔一阵儿就要叫我给他们做衣服。嘎嘎嘎……要我说衣服自然总是不会嫌多的。嘎嘎嘎……你想啊，你打开衣橱……"

"够了！"叔本华怒气冲冲地打断奥尔加："请安静些！"

奥尔加愣了一下，突然又笑起来："嘎嘎嘎！先生，全城人都爱听我唠叨！我说……"

"好了好了！"奥尔加那种刺耳的声音震得叔本华耳膜生疼，他心烦意乱地捂住耳朵，压着一肚子的火说："您看，女人说话要温柔点儿，声音应该轻点……"

"啊！"奥尔加突然尖声叫起来："先生，我是来给您量衣服的，不是来听您教训的！要知道，我妈年轻那会儿……"

"住嘴！"叔本华彻底怒了，他伸手狠狠地推了奥尔加一把，奥尔加没料到叔本华会动手，赶紧向后退，却被什么东西绊了一下，就此像一个球一样骨碌骨碌滚下了楼梯。

奥尔加的腿摔坏了，这辈子只能靠拐棍走路了。但是叔本华先生也好不到哪儿去，法院判决叔本华必须按月寄钱，供养这个让他头疼的女人，一直到她死了。

生平和思想

不知道叔本华会不会有"既生瑜何生亮"的怨念——毕竟黑格尔太抢风头了。不过叔本华自然有叔本华的价值——黑格尔永远也替代不了的价值。其实每个人都是独特的，都是独一无二的，所以人比人的事情实在是很无聊：人又不是钞票，十块钱比八块钱多两块钱。每个人都是丰富的，都是具有至高无上的内在价值的，把人当做物品一样来比较，是对人的亵渎。

叔本华命好，有个有钱的银行家老爸，不过他老爸后来自杀死了。叔本华的母亲叫约翰娜，是个在当时还挺有名气的小说家，曾经和歌德这样的文学大腕儿有交往。在叔本华还没那么出名之前，人们提到他，总会说，就是那个小说家约翰娜的儿子。当然现在不会有人这么说了，儿子的名声早就超过老妈无数倍。不过叔本华从小就和他妈关系不好，隔阂很深，到最后两个人完全闹翻了，形同陌路互不相认。叔本华这孩子从小就性格孤僻、傲慢，而且喜怒无常，很有气质——精神病气质。他一开始是学医的，后来改行学哲学，还曾经研究过印度哲学和佛学，实际上你可以在他的哲学里看到印度哲学和佛学的影子。叔本华跟黑格尔之类的理性派古典哲学家完全不是一路人，但是想当年黑格尔的名声如日中天，所以叔本华在大学教书的时候日子很不好过。他在柏林大学的时候企图跟黑格尔争夺听众，结果是惨败，叔本华一气之下辞了职，一个人跑到法兰克福一个小旅馆里孤苦伶仃地躲了起来，在这个小旅馆一住就是29年，一直到死。叔本华生命的最后十年终于获得了声望，不过他仍然过着孤独的生活。其实叔本华真正受到世人的重视，那是他死后 N 年的事儿了。他说他的著作不是为当代人写的，而是为后代人写的。伟大的哲学家经常会有超越时代的思想，所以很多哲学家都是生前潦倒，死后出名，这是哲学家的悲剧，却是哲学的喜剧。

　　叔本华终身未婚，他年轻的时候爱上一个比他大十岁的女演员，两人分久必合合久必分，折腾了好几年，终于还是分道扬镳了。关于女人，叔本华说，她们"既愚蠢又浅显——总之，思想介于成人和小孩之间"。1860 年 9 月 21 日，叔本华像往常一样早早起床，洗了个冷水澡，坐下来吃早饭，吃着吃着，就吃不着了——他死了。

　　从黑格尔以后，或者说从马克思以后，西方哲学开始发生了一个巨大的转向，哲学家们不再企图建立一个宏大的哲学体系，他们开始怀疑以往哲学中的那种追求理性、追求事物本质的传统。从这个时候开始，大约是19世纪中叶，西方哲学史进入了"现代西方哲学"时代。一些哲学家提出哲学应该从研究外部自然界转入研究人本身的内心世界，他们反对理性，强调非理性、强调直觉。这些哲学家渐渐组成了"人本主义思潮"。而另一些哲学家主张哲学还是要研究自然界的，但是我们不要企图去探究事物的基础和本质，只要描述自然界、整理感性事实就行了，他们声称哲学要向科学学习，变成一种实证科学。这些哲学家渐渐汇成了"科学主义思潮"。所以现代西方哲学虽然各种流派各种哲学家非常非常多，千头万绪错综复杂，但是总的来说，就是这两个思潮：人本主义和科学主义。

　　叔本华是人本主义思潮里面"唯意志主义"这个流派的创始人。唯意志主义嘛，就是把"意志"啊、"感情"啊这些东西非理性主义化，把它们说成宇宙的本源和万物的本质。

　　叔本华的哲学其实挺玄的。他在自己最重要的作品《作为意志和表象的世界》里写的第一句话就是："世界是我的表象"。这是叔本华哲学的出发点。这句话是什么意思呢？这里面的"我"不是生物性的"我"，而是一种心理上的"我"，一种非理性的自我，一种盲目的欲望冲动。这种冲动到底是什么呢？其实就是一种求生存的欲望冲动，叔本华把它叫做"生存意志"。所以，"世界是我的表象"，意思就是说，整个世界的本质就是"生存意志"，世界万物都只不过是"生存意志"的产物。世界万物变动不居，唯有"生存意志"永恒长存，世界是假象，"生存意志"才是真实的。你有没有觉得，在这个观点上，叔本华很有古希腊哲学家的风范！

　　叔本华一辈子孤苦伶仃，所以在哲学上他也是个悲观主义者。他老人家觉得人生就是苦难，世界就是地狱。我们的"生存意志"，也就是求生存的欲望，在得不到满足的时候，你会觉得痛苦；可是等你满足了以后呢，又会觉得无聊、疲惫。这就好像酒后的头疼、兴奋后的疲乏一样，到头来还是痛苦。而且，欲壑难填啊，旧的欲望得到满足以后，又会产生新的欲望，于是人又开始了新的痛苦。叔本华的这些观点确实有些道理：人的欲望总是永远不可能满足的，所以我们拼尽全力去追寻，到头来仍然是不满足。例如穷小子奋斗一辈子，赚得个锦衣玉食的生活，到头来大抵又会产生新的烦恼。所以叔本华说，人生就像一个肥皂泡，人人争着要把它吹得更大，但是结果却只能是幻灭。人生没什么意义，就只是痛苦而已。

　　那人生无穷无尽的痛苦能不能解脱呢？叔本华说，能啊，唯一的办法就是把自己的欲望，自己的"生存意志"藏起来，对一切事物保持冷漠的态度。具体来说，脱离苦海有三种方法，第一种是从事哲学创造，让你的理智活动来限制"生存意志"，镇静欲望；第二种办法是从事艺术创作，艺术可以让人暂时忘却利益，从欲望的奴役中解脱出来；最后一种方法就是禁欲和绝欲。这就是叔本华开出的脱离苦海的药方。

44. 孔 德

奥古斯特·孔德其人

孔德

奥古斯特·孔德(Isidore Marie Auguste François Xavier Comte，1798 ~ 1857 年)，是法国著名的哲学家，社会学的创始人。生于蒙彼利埃。哲学上持实证主义观点，认为哲学应当去研究那些可以证实或证伪的东西。著有《实证哲学教程》等。

又一个发了疯的哲学家

　　每年春天巴黎都会下起细细密密的雨，而且一下就是很多天，到处都是湿漉漉的，难受得很。卡诺在巷口下了马车，远远看见孔德家门口站了好几个人。出什么事儿了？卡诺没顾得上撑伞，在坑洼之间跳了几下就到了门口，迪努瓦耶、洪堡、蒙泰贝洛几个人已经站在那儿窃窃私语了。

　　"怎么回事儿？你们怎么不进去？今天的讲座取消了？"

　　"不在家啊，好像！"

　　"上回刚刚说到经验是知识的唯一来源，哲学和科学知识都必须用观察和实验来证明，还没来得及细说，今天还想来好好听听呢，怎么突然又跑了呢！"

　　"咳咳，说是……"一直没开口的洪堡四下望了望，压低声音说："说是孔德先生突然精神失常，被送去埃斯基罗尔的精神病医院啦……"

　　"这个孔德又是怎么回事儿？"

　　"埃斯基罗尔诊断出来是狂躁症。他老婆以前是个妓女，经常一声不响地离家出走，经常这么折腾，最后就把这家伙弄崩溃啦。"

"真是什么人都有啊！来，再加点冰块。冷水疗法要是不行的话，就得用放血疗法啦。"

两个医生憋红了脸吃力地抬起装满冰水的大木桶，哗的一声倒在孔德身上。

生平和思想

孔德从小体弱多病，但是成绩超好，后来考入了巴黎综合工艺学校。（学校，不是名头越大就越牛的，像巴黎综合工艺学校、巴黎高等师范学院，这都是世界顶级的学校。你再看看中国，随便一个什么三流学校，都天天想着要改校名，动不动就叫某某大学某某科技大学理工大学师范大学财经大学，铺天盖地，弄得外行人晕头转向。高校的发展不是靠名字的，不是越大越好的，只有办出内涵、办出特色才是真本事——扯远了点好像……）毕业后孔德认识了圣西门（什么？圣西门你不认识？回家翻高中历史书去，三大空想社会主义者之一，还记得吗？），做了圣西门的秘书，开始密切合作。不过后来两个人因为一本书的版权问题闹翻，从此分道扬镳。可怜的孔德一辈子都囊中羞涩，只能靠偶尔的一点稿酬和讲座费用过日子，他得过精神病，还有一段时间非常抑郁，企图跳塞纳河自尽。

孔德创立了实证主义哲学，他说一切科学知识必须建立在来自观察和实验的经验事实的基础上，经验是知识的唯一来源与基础。过去传统哲学讨论的那些什么世界的本源之类的玄而又玄的问题，根本没办法验证，所以是没有意义的，研究那些问题实在是浪费时间。在孔德看来，哲学要向科学学习，去研究那些能够证实或者证伪的事儿。在孔德眼里，哲学应该变成一种科学，但是实际上我觉得哲学就是哲学，科学就是科学，完全是两回事儿，科学强调的是实证，讲究的是科学精神，而哲学应该追寻的是那个人类无比渴望却永远到达不了的"永恒"、"彼岸"。这些东西是永远无法用实证科学来验证的，却是人生而为人所不得不思考的。当然，这是我的想法，实际上关于什么是哲学，哲学到底要研究什么东西，哲学家们一直在争论不休。

孔德在晚年的时候相当有创意地创立了一个"人道教"，他自称是这个宗教的祭祀长。他号称这个"人道教"是在天主教、基督教的基础上发展"爱"的思想而创立的，是一种真正的永恒的宗教。天哪，难道他想当耶稣？

孔德还是社会学的创始人，不过社会学可不在我们讨论的范围内。

45. 克尔凯郭尔

索伦·克尔凯郭尔其人

克尔凯郭尔

索伦·克尔凯郭尔（Soren Aabye Kierkegaard，又译祁克果、郭尔凯戈尔、基尔凯戈尔、克尔凯戈尔，1813～1855年），生于哥本哈根，丹麦著名哲学家、神学家、诗人，存在主义哲学的先驱。克尔凯郭尔持神秘主义的主观唯心主义观点，认为存在和真理是非理性的主观性，著有《非此即彼》、《恐惧与战栗的概念》、《生活道路诸阶段》和《非科学的结论性附偏》等。

偶　遇

克尔凯郭尔戴着高高的黑礼帽，弯着腰拄着拐棍一瘸一拐地往前走，两条小细腿儿包裹在宽大的、却永远不一样长的裤腿里，风一吹，裤腿呼啦啦响起来。"哈哈哈！"前面有一群孩子在嬉闹，克尔凯郭尔向来是讨厌孩子的，而且他已经预感到碰到孩子会发生什么悲惨的事情，所以准备调转方向，从另一条小街绕过去，不过显然这一切都晚了。

"看啊，是老克尔凯郭尔！"突然有孩子惊喜地叫起来。

"看啊看啊！那个驼背的小老头儿！""他的鹰钩鼻子占了半个脸！""他的裤腿一长一短！""他是个瘸子！"……孩子们嘻嘻哈哈地一边叫一边围着克尔凯郭尔跳起来。

"你你你你你们再笑一声试试！"克尔凯郭尔气极了，憋红着脸举起拐棍威胁道。孩子们四散跑开去。

突然一块石头飞过来，正砸在克尔凯郭尔的腿上。"死驼子！死瘸子！"有孩子大叫了一声，往不知道什么地方跑去了。克尔凯郭尔气得发抖，他拄着拐棍在原地足足站了三十秒，然后一转身，绕进了一条小街。

今天对克尔凯郭尔来说实在算不上美好的一天。他刚拐进小街，远远地就看见两个人，一个是施莱格尔——一个整天笑呵呵的男人，还有一个是贾娜——克尔凯郭尔曾经的未婚妻，曾经的。克尔凯郭尔怔怔地看着两人手挽着手笑嘻嘻地往自己这边走来。

"是我对不起贾娜。"克尔凯郭尔这样想着。他想起自己给贾娜留的最后一封信："请忘了写这信的人，并且原谅他吧，也许他可以做很多事，但是无法给一个女子幸福。"

"你在我身上玩了一个可怕的游戏。"贾娜当时哭着对他说。但是克尔凯郭尔不能娶她，因为他觉得献身上帝与婚姻之间只能选择一样。

贾娜和施莱格尔走近了。"您好，克尔凯郭尔先生！"施莱格尔彬彬有礼地说。而贾娜则红着脸冲着他笑了笑。克尔凯郭尔没有反应，他只是站在原地，就好像这个世界跟他没什么关系。

生平和思想

有人把克尔凯郭尔的一生形容为尴尬的一生。克尔凯郭尔的老爸本来是个穷人，但是突然有一天做羊毛生意发了财，成了个典型的暴发户。这位暴发户先生得意忘形，在为自己的第一任妻子服丧期间，强行跟家里的女佣欢乐了一把，结果女佣怀孕了。无奈的暴发户先生只好跟女佣结婚，此后他们生了两个女儿三个儿子，而我们故事的主人翁——克尔凯郭尔就是最小的儿子。索伦出生的那年，老暴发户先生已经 56 岁，而他的女佣母亲也已经 45 岁。在当时，未婚先孕可是个大逆不道的事儿，是严重违背基督耶稣的教诲的，这样的奇特身世让克尔凯郭尔从小就性格孤僻、行为怪诞。加上这孩子天生的驼背跛足、体弱多病，更造就了他阴暗低沉的性格。克尔凯郭尔从小就有忧郁症，他觉得自己有两个原罪，肯定活不过 34 岁，并且死后肯定要下地狱，所以整个生活都无比悲观。

克尔凯郭尔 17 岁进哥本哈根大学学习神学，一心想当个牧师，但是因为丹麦教会的教义，毕业后一直什么也没干。不过克尔凯郭尔一辈子完全不需要去找个正经工作，因为他那个暴发户老爸留给他的遗产足够他花一辈子。

克尔凯郭尔生平里给人印象最深刻的恐怕就是他的悔婚事件。贾娜的老爸是国会议员、财政部长，而她本人热爱绘画，教养良好，据说是个非常可爱的女孩子。克尔凯郭尔跟贾娜早已经订了婚，结果在最后关头，准新郎克尔凯郭尔反悔了——有人说是因为他觉得献身上帝与婚姻之间不能两全，有人说是因为他不忍心把内心的忧郁与痛苦与这么纯洁的少女分担——谁也不知道确切的原因，总之他们分手了，克尔凯郭尔抛弃了他的未婚妻。不过显然克尔凯郭尔自己并不好受，此后他的一生都一直在纠结于这件事儿。贾娜后来嫁给了自己曾经的家庭教师，一个健康、稳重、和蔼、有耐心的男人。

克尔凯郭尔本来以为自己活不过 34 岁，结果在 34 岁的时候还健健康康，于是他决定躲到小乡村里面安安静静了此一生。但是最后他的安静被彻底打破了——这个孤僻的家伙得罪了一家低俗杂志《海盗》，于是《海盗》连篇累牍地发表嘲笑愚弄克尔凯郭尔的文章和漫画，把他描绘成一个鹰钩鼻子、驼背跛脚、戴着高帽子，两条腿细得可怜的哲学家，更滑稽的是，他的两条裤腿从来都不一样长。最搞笑的是，克尔凯郭尔的裁缝最后觉得自己的声誉受到了影响而辞职。从此他彻底成为全国人民的笑料。《海盗》杂志事件让可怜的克尔凯郭尔晚年更加凄惨。那些年里，他还反对丹麦国家教会，说他们违背了耶稣的教会。42 岁的时候，这个孤僻的哲学家昏倒在街头，几个礼拜后终于离开了人世。临死前，他拒绝教会牧师的圣餐。

克尔凯郭尔是存在主义哲学的先驱。他以孤独的、非理性的个人存在取代客观物质和理性意识的存在来当做哲学的出发点，以个人生活的体验论证个性原则和对上帝的信仰。他认为世界的本质是自我的主观性，这种主观性其实是一种"非理性的内心体验"。万事万物只不过是"非理性主观体验"派生出来的。克尔凯郭尔的哲学弥漫着宗教色彩和悲观主义情绪。他说，人的"存在"具有个体性、时间性和有限性，人生总是在"厌烦"、"忧虑"、"绝望"这样的情绪中度过的，人只能在自我的主观性中寻求与上帝的同在，只有选择宗教，才能获得真正的自由。

46. 尼 采

弗里德里希·威廉·尼采其人

弗里德里希·威廉·尼采（Friedrich Wilhelm Nietzsche，1844～1900年），生于普鲁士萨克森，德国著名哲学家、散文家和诗人，西方现代哲学的开创者之一，对后世影响深远。尼采提出世界的本质是"权力意志"，提出"超人哲学"的思想。

尼采

著有《悲剧的诞生》《人性，太人性的》《查拉图斯特拉如是说》《善恶的彼岸》《道德的谱系》《偶像的黄昏》《看啊！这人》等。

哲学家和老马

1889年1月3日，意大利，都灵，阿尔伯特广场。乌云低沉，冰凉的冬雨缠绵如蛛丝，淅淅沥沥地纠缠着，让人无法摆脱。砖石的街道和尖顶的教堂到处湿漉漉的，泛着忧郁的光。已经是正午时分，每个人都低垂着头，似乎是按照预定的轨道，默默彳亍，静静地没有一点声音。

静静地没有一点声音，除了广场上突然响起的咒骂声。那是一个中年的马车夫，穿着到处开口的黑棉衣，瞪着满是血丝的眼睛，向着他的老马喷吐着满嘴白沫。生活的艰辛造就了他暴烈的脾气和粗壮的、暴着青筋的手臂。他举起鞭子，一下一下狠狠地抽在马背上。在这一刻，他眼前的已经不是马背，而是他贫苦的生活，还有他不可名状的压抑。抽吧，如果真能把死气沉沉的生活抽出一个裂口就好了。

老马已经太老了。它垂着头静静地站在雨里，任由马车夫在自己背上抽出一道道血口。老马睁着一双大眼睛，悲悯地看着眼前的世界，鼻孔中呼出两股白气。

突然，一个黑影从街边冲过来，扑向老马。马车夫一惊，鞭子在空中打了个转，停了下来。那是一个清瘦的男人，穿着得体的黑西装，戴着眼镜。他张开双臂，紧紧把马头搂在怀里，剧烈地颤抖。"我受苦受难的兄弟啊……"男人带着哭腔轻轻地说。似乎是时间停止了，所有人都停下脚步，呆呆地看着眼前的一幕。

"这不是尼采教授吗！"人群中有人惊呼。

是的，他就是尼采，那个企图重新估价一切价值的人。他说这世界的本质是一种意志，一种"权力意志"，一种渴望自我实现、自我扩张的意志。他呼唤着具有强大意志的"超人"出现。但是没有人能够理解他，那些庸庸碌碌的普通人永远没有办法理解他。他就像那匹老马，只能孤独地忍受他人的鞭挞。

尼采紧紧地抱着老马，然后慢慢地瘫软下来，晕了过去。对有的人来说，尼采再也没有醒来，因为醒来后的尼采已经发疯。但是，疯子和常人，哪一个更荒诞呢？

生平和思想

尼采的父亲是个乡村牧师，不过你可别小看这个小牧师，他曾经当过普鲁士国王的老师，还教过四位公主，跟一大帮普鲁士贵族关系密切。所以尽管尼采出身于乡村牧师家庭，但是很有贵族气质。他自称是波兰贵族的后裔，不过到底是不是真的就很难说了。尼采从小就沉默寡言，到两岁半才学会说话。他五岁的时候老爸就得病死了，没多久他两岁的弟弟也夭折，这些都给尼采幼小的心灵蒙上了阴影。父亲死了以后，尼采家就只剩奶奶啊妈妈啊姑姑啊姐姐啊这些人，所以尼采从小是在女人堆里长大的。不过尼采似乎从来对女人都没什么好感（除了对一位名叫莎乐美的既智慧又美貌的美女的痴恋之外），他说："你要到女人那里去吗？别忘了带上你的鞭子。"看来不喜欢女人的哲学家真是大有人在。

尼采从小就身体不好，在大学里教了一段时间书后，就由于健康原因辞职了。很多哲学家都身体不好，不过他们各有各的办法。笛卡儿身体不好，于是他成了宅男，天天躺在家里不出门；康德身体不好，于是他养成了极其有规律的生活方式；尼采身体也不好，他的解决方案是，四处旅行，到各种风景秀丽气候宜人的地方疗养。还是尼采会享受生活啊！不过尼采自然有尼采的烦恼，这个天才的哲学家一直不被世人理解，始终孤苦伶仃，终于在他45岁那年失去了理智，成了疯子，十年以后去世。什么是疯子？疯子的行为在大多数人看来无法理解，疯子的思维逻辑在正常人看来完全莫名其妙，如此而已。疯子和正常人，少数人的逻辑和多数人的逻辑，哪一个更接近真实？这件事值得怀疑。在疯子眼里，全世界人都疯了。

即使在我们今天看来，尼采的哲学也是相当惊世骇俗的。他号称要"重估一切价值"，把过去所有的道德啊价值观啊全部踩在脚底下。他说世界的本质是一种叫做"权力意志"的东西，万事万物的千变万化都是"权力意志"的创造和表现。这个"权力意志"实际上就是追求食物、追求财富、追求工具、追求奴仆的意志。这个观点和叔本华很相像，只不过把叔本华的"生存意志"改成了"权力意志"。他们都是唯意志主义哲学家。

尼采最著名的学说是"超人哲学"，这也是他争议最大、最容易被人误解的哲学。很多年前我在高校做学生辅导员，有个经常闯祸的学生找我谈话，问我，"老师你知道尼采吗？你知道'超人哲学'吗？其实我就是超人，我要做超人！"我听了以后当场石化，彻底无语。那么什么是"超人哲学"呢？这里的超人可不是那个内裤外穿的Superman，而是Overman，两回事儿。尼采说我们这些普通人都是"群氓"，每天庸庸碌碌唯唯诺诺，胆小懦弱毫无个性，人云亦云，完全没有自己的思想，就像畜生一样愚蠢可笑。在尼采眼里，人类只不过是动物向"超人"发展的一个过渡环节。而超人呢，超人具有极大的"权力意志"，疯狂残暴地企图占有一切，统治一切，超人是爱好争斗，藐视一切道德的孤胆狂人。

很显然尼采的很多想法一般人接受不了，但我觉得至少他的"群氓"一说太值得我们思考了。我们在多大程度上不是像尼采所说的，庸庸碌碌毫无个性，永远隐藏在人群里，说着彼此相同的话，想着彼此相同的问题，过着彼此相同的生活？我想，我们应当抛弃那些条条框框，听从自己内心的召唤，去做一个精神上真正独立自由的人！

47. 杜　威

杜威

约翰·杜威其人

约翰·杜威（John Dewey，1859 ～ 1952 年），生于新英格兰，美国著名哲学家、教育家，实用主义哲学的创始人之一。持实用主义观点，认为有用即是真理。著有《哲学之重建》等。

图书馆惊魂

我们学校老校区的图书馆是一栋仿古的民族式建筑，红色的琉璃瓦大屋檐，彩色的栋梁，灰色的砖石墙面，古色古香，是我们这里的标志性建筑。这个房子大约是二十世纪四五十年代建起来的，虽然外表看上去还很干净，实际上里面已经斑驳得很。

这个图书馆收藏的大多是一些我们平时不太用得着的古老书籍，所以平时人就不多。要不是为了倒霉的哲学论文，我也不会这么晚了还跑到这个阴森森的图书馆来。所谓的"晚"当然不可能是半夜，半夜里图书馆可不会开门。时间大约是下午的四点多，但是已经是冬天，又加上天气不好的缘故，天色已经很暗了。

我们的哲学课一向是这样的：老先生面对着教室的窗户，斜靠在讲台上，眯着本来就小得可以忽略的眼睛，一边用永远不变的腔调说着"本体论""形而上学"，一边沉浸在他老人家自己的哲学世界里面。每次课的最后总会有作业，每个人分到一个哲学家，自己去研究，然后写成论文。还好我这次分到的是实用主义者杜威。实用主义嘛，就是说，知识都是些工具，其实呢根本没有什么真理，什么东西对我们有用，那就是真理——真够实用的。杜威的学问虽然比不上康德、黑格尔，但是因为他老人家在中国流连了两年，所以在我们这儿留下的资料倒真不少，所以看来泡图书馆是少不了的了。

我办了手续，一个满脸皱纹、皮肤却白得吓人的老太太领着我穿过一条长长的走廊，爬了好几层螺旋状的楼梯，来到一个很小的门口。"喏，就在里面。"老太太努了努嘴，用一口南京口音冷冰冰地说，然后转身走了。

我推开门，一阵的烟尘呛得我直咳嗽。我一只手捂着嘴，一只手摸索着把一盏白炽灯打开了。虽然门很小，这个房间却着实很大。一排一排的铁架一直延伸到很远。好吧，慢慢找吧，1921年的《民国日报》。其实图书馆资料的排列是很科学的，所以找起来倒并没有想象的那么费力。我找到那期报纸，嗯，确实有胡适的那篇《杜威先生与中国》。我打算就着昏黄的白炽灯先浏览一下：

杜威先生今天离开北京，起程归国了。杜威先生于1919年5月1日——"五四"的前两天——到上海，在中国共住了两年零两月。中国的地方他到过并且讲演过的，有奉天、直隶、山西、山东、江苏、江西、湖北、湖南、浙江、福建、广东……

"吱——"刚看了没几行，那扇小门突然响了一下，紧接着木地板发出"咯吱"的一声响。我屏住呼吸抬起头望向门的方向，却又什么声音都没有了。好吧，我继续看我的报纸：

……一切学说与理想，都须用实行来试验过。实验是真理的唯一试金石……我们对于杜威先生一家的归国，都感觉很深挚的别意。我祝他们海上平安！

刚才那一声响，扰得我心绪不宁起来，实在也没办法再看下去。我一目十行地胡乱扫了一遍，合上报纸的合订本，准备拿下去复印。这个时候门又"吱"地响了一声，紧接着房间里所有的灯都灭了……

这个时间，房间里已经黑黢黢的，连东西的轮廓都不太能看得清。我两条腿有些发软，也不敢发出太大的动静，只能摸索着墙壁向门口挪去。天知道过了多久，我感觉快到门口了，突然头顶"吱吱"响了两声，灯又亮了起来。"唔……"我吐了口气，直了直腰，下意识地往门口看了看。这一看不要紧，吓得我差点坐在地上……

门口是一张苍白苍白的脸！我顿时头皮一阵发麻，失声叫了起来："啊！"

"刚才跳闸了，现在好了。"苍白的脸无视我的喊叫，冷冰冰地说。

"啊啊，好……"我一边应着，一边挤出小门，急急地朝外面走。一直走出了图书馆，我才长长吐了口气，两条腿还在不停地发抖。那口气吐了一半停住了，我突然想起一件事来……

我忘了复印那份资料……好吧，看来明天还得再来……

杜威夫妇访华时与胡适、蒋梦麟、陶行知、史量才等人的合影

生平和思想

杜威是美国人，出生于一个中产阶级杂货商家庭。他小时候老是喜欢害羞，还有点儿小笨，但是非常喜欢看书，是个小书虫。大学毕业后他到一个乡村学校教书，此后他一边教书一边学习，获得博士学位，去了好几个高校教书和研究，逐渐成为哲学和教育学界名家。杜老先生在87岁高龄的时候再婚了一次，对象是个比他小45岁的女士。6年后他得了肺炎，从此与世长辞。

杜威大约是中国人最熟悉的西方哲学家之一了。如果你不认识杜威，没关系，他的中国学生你一定认识：胡适、陶行知、郭秉文、蒋梦麟……

杜威曾经在中国讲学长达两年，在当时影响非常大。本来杜老先生是准备在日本讲几天学就回美国的，结果胡适、郭秉文、蒋梦麟等一大帮人强烈邀请，没办法，只好到中国来了。要知道，杜威先生当时可是全世界影响最大的哲学家之一，所以当时中国人是盛大欢迎，那排场估计搞得杜威自己都不好意思了。当时中国刚好是五四运动期间，本来想讲几场就赶紧回家的杜威在中国人巨大热情的感染下，从上海讲到南京，从南京讲到北京，跑了11个省，讲了整整两年。

你也许不了解杜威的思想，但是他的学生胡适的那句话你总听过吧：少谈些主义，多研究些问题。这就是典型的实用主义观点。杜威是实用主义学派里面最有声望的一个——一直到今天，美国社会的主流价值观仍然还是杜威实用主义。杜威说世界的本源只不过是"纯粹经验"或者"原始经验"，他认为所有的概念啊学说啊思想啊系统啊，归根到底都是一种工具，既然是工具，它们自然没有对错之分，只有好用不好用之分，有用的就是对的。真理也是一样，在杜威看来，哪有什么永恒的真理呀，只要在实际运用中有效，那就是真理。

杜威还是个教育家，曾经自己办过学校。他的"教育即生活""学校即社会""从做中学""以儿童为中心"等观点，今天看来还很有启发。

48. 柏格森

亨利·柏格森其人

亨利·柏格森（Henri Bergson，1859～1941年），生于巴黎，法国著名哲学家。提出"生命哲学"，认为世界的本质是"生命之流"，著有《创造进化论》等。

柏格森

外交家

生命是什么？

有的人眼里，生命是一场梦幻，有的人眼里，生命是一场漂亮的烟火表演，而在柏格森眼里，永动不息的生命之流绵延万里，这就是我们这个世界的本质。无论如何，生命是一段路程，我们永远在路上。

1917年，大西洋。柏格森扶着栏杆站在船尾，看着欧洲大陆渐渐远去，终于变成一条细小的黑线，然后彻底消失。第一次世界大战的隆隆炮声已经在这个大陆上轰鸣了三年，欧洲土地上布满了烧焦的树干，还有凝固了的紫红色血迹。大西洋的另一边，在那个新大陆上，此刻却一定是清风徐来，绿草如茵。柏格森转过身，眯缝着眼望向美洲大陆的方向。

不，你猜错了。当这片土地再也放不下一张平静的书桌，哲学家将以自己的方式拯救世界——他要游说美国参战。

虽然已经开春，深夜的微风还是颇有寒意，中士汤姆逊打了个喷嚏，赶紧又站直了身体。凌晨三点，椭圆形办公室灯火通明，威尔逊总统和法国特使柏格森还在长谈。月光朗照，白宫的墙壁泛出幽蓝的光。

1917年4月，美国放弃中立立场，加入协约国，宣布对德作战。

1918 年 11 月，德国投降，第一次世界大战结束。

生平和思想

柏格森生于巴黎，父亲是个波兰裔的犹太音乐家，会弹钢琴，还会作曲，而他母亲是英国裔的犹太人，所以柏格森是个 100% 的犹太人。柏格森简直就是神童，他 16 岁在法国全国中学生大赛中获拉丁文演讲冠军、英语冠军、地理和宇宙学亚军；17 岁获全国中学生大赛法语作文冠军、数学冠军；18 岁又获全国基础数学、宇宙学、力学三个冠军，这一年他的一篇长篇数学论文还发表在法国最权威的学术刊物上。中学毕业的时候，神童柏格森面临着人生的抉择：学文科还是学理科。这家伙文理通吃，随便学哪个学科都有可能成为超级牛人，不过柏格森最终选择了哲学，考入巴黎高等师范学校（这个学校太牛了太牛了，简直是学术圣地，哲学家的摇篮啊！）。毕业后柏格森当了中学老师，后来又当了大学老师。柏老师是学术牛人，同时教书也相当有一套，他可以把哲学讲得灿烂迷人、生动无比。一本叫做《生命的冲动——柏格森和他的哲学》的书里这样描述柏老师上课时候的火爆场面：

柏格森讲座的时间是下午 5 点。不过你要是准时前往听讲的话，那肯定找不到立足之地，只好扫兴而归。往往在下午两三点钟时就有人早早地赶来抢占座位。因此，在他开课之前，宽敞的教室里挤满了人，甚至窗台和雨道都被听众们占领了。听众中间有各种职业的人们——满腹经纶的教授、好学不倦的大学生、风度翩翩的作家、放荡不羁的艺术家、道貌岸然的传教士、神态谨畏的政府官吏、精神威武的军官。最令人感到不可思议的是那些闻名于巴黎社交界的太太小姐们，也打扮得花枝招展，出现在这里。而且，那些提前两三个小时来占座位的人绝大多数就是这些太太小姐们派来的听差。听众中间也有各种国籍的人们——除法国人外，以俄国人为最多，其次是英国人和美国人，也有中国人和日本人，还有棕色的印度人和黑色的非洲人。可以说，世界上的各色人种差不多都有了。当时有人形容这种盛况是："除了参观巴黎埃菲尔铁塔之外，没有什么比得上的。"

　　第一次世界大战的时候，柏格森弃笔从政，当起了外交官，去各国游说，为法国寻求盟友。1925 年柏格森 66 岁的时候突然生病瘫痪，从此再也没站起来，他因此辞掉了所有职务。1927 年柏老爷子获得诺贝尔文学奖，"由于他那丰富而充满生命力的思想，以及表达的卓越技巧"。二战时候柏格森反对纳粹对犹太人的迫害，拒绝与德军合作，82 岁时候终于与世长辞。

　　柏格森的哲学叫做"生命哲学"。他认为宇宙万物都是假象，实际上宇宙的真正本质不是物质，而是一种"生命之流"。什么是"生命之流"呢，它就是一种盲目的、非理性的、永动不息又不知疲惫的生命冲动。"生命之流"不断冲动、变化，就产生了宇宙万物。所以"生命"是真的，物质是假的。这就是生命哲学。如果你记性够好，你会记得，这和之前我们提到的叔本华、尼采的唯意志主义有很多相像的地方：都认为宇宙的本质是一种非理性的精神性的东西。他们都属于人本主义思潮的一部分。

　　"生命"是真的，物质是假的，科学和理智只能认识物质，那"生命"怎么认识呢？柏格森提出的办法是"内省"和"直觉"，我们只有靠这种"直觉"才能认识真正的世界。所以柏格森一直贬低科学，认为是文学家、艺术家、哲学家在推动人类社会的发展。

49. 罗 素

伯特兰·亚瑟·威廉·罗素其人

罗素

伯特兰·亚瑟·威廉·罗素（Bertrand Arthur William Russell，1872～1970年），生于蒙茅斯郡，英国现代最著名的哲学家、数学家和逻辑学家，分析哲学的创始人之一。持"逻辑原子主义"思想，认为哲学的任务是对事实进行逻辑分析。著有《哲学原理》《哲学问题》《西方哲学史》等。

罗素的噩梦

老图书管理员驼着背拖着一个大大的麻袋，在几排书架之间窄窄的过道上慢吞吞地挪着。天色已经很暗，夕阳透过图书馆巨大的落地玻璃窗照射进来，给书架镀上了一层黯淡的金色。

那麻袋显然极是沉重，老管理员吃力地拖动着。那沙沙的声音，在空无一人的大厅里回荡，给人一种凄凉甚至诡异的感觉。那老人每拖动一下，就停下来往两边的书架上张望，偶尔抽出一本来，看一看，扔进麻袋里。老人走近的时候，可以隐约看见麻袋上的字：报废。

图书馆里静极了，除了那间或一阵的沙沙声。那老人又在四处张望，突然目光停住，伸手抽出一本厚厚的早已经发黄的书来，书上写着"数学原理，作者：怀特海、罗素"。老人把书拿在手里掂了掂，对那封面反反复复地看了又看，犹豫着要不要扔进麻袋。

"不！"罗素大喊了一声，猛地睁开眼睛。他瞪着天花板愣了好久，终于放松下来："啊，做梦而已。"

资深愤青

1955 年，美国普林斯顿。爱因斯坦睁开疲惫的眼皮，强打起精神，看了一眼信封。信封上的落款是：伯特兰·罗素。

"啊，给我吧……"他虚弱地说。

爱因斯坦用胳膊支撑着身体，半靠在床头，颤巍巍地展开那张纸。那纸的最上面用加粗的字体写着"罗素—爱因斯坦宣言"：

有鉴于在未来的世界大战中核子武器肯定会被运用，而这类武器肯定会对人类的生存产生威胁……我们号召，解决它们之间的任何争执都应该用和平手段。

没有人注意到爱因斯坦眼睛里闪过的光亮。他拿过钢笔，用工整的笔体签下了自己的名字：阿尔伯特·爱因斯坦。

6 天后，科学巨匠爱因斯坦在普林斯顿逝世。

1961 年，伦敦。警察汤姆森紧紧地握着枪，紧张地看着前面的人群。这是汤姆森干上警察这个行当后接到的第一个任务：监视特拉法尔加广场上抗议发展核武器的静坐示威人群。

"别紧张，小伙子。"警长拍拍汤姆森的肩，递给他一个纸条："逮捕为首的这个人，然后驱散人群，就这样。"

"谁，谁是伯，伯特兰·罗素？"汤姆森冲着坐在地上的人群里喊道。一个穿着黑色西装，头发花白的老头站了起来。

"走！跟我走！"

1961 年 9 月，89 岁的罗素因为组织静坐示威，抗议发展核武器，再次被监禁。

1964 年，伦敦。

"那些支持越战的人，无疑都是和平的罪人！ 50 年前我就加入英国工党，今天我以我是工党的成员而耻辱！"讲台上的老人愤怒地掏出一张党证，浑身颤抖地将它撕碎，狠狠地扔在地上，满头蓬乱的白发轻轻颤动。

台下一片掌声。

罗素，这是一个恶魔，他企图推倒哲学的大厦，认为认识只能局限于经验领域，经验以外的那些传统哲学问题都是不可知的、没有意义的。在他那里，哲学的任务是对科学的陈述进行逻辑分析。

但这又是一个天使，他终生在为反对人类的自相残杀而鞠躬尽瘁。

2010 年。我又翻开那本深蓝色的《罗素自传》：

"对爱情的渴望，对知识的追求，对人类苦难不可遏制的同情心，这三种纯洁但无比强烈的激情支配着我的一生。"

罗素在演讲

生平和思想

罗素家族是英国非常著名的一个世袭贵族。我们今天要讲的这个哲学家罗素伯爵是这个家族的第三代。罗素的爷爷老约翰·罗素勋爵是辉格党领袖，在维多利亚时代当过两次首相。罗素的老爸弗兰克·罗素是国会议员，一个激进的自由主义者，后来因为鼓吹节育而失去议员职位。我们的主人翁伯兰特·罗素 4 岁还不到就成了孤儿，从此由奶奶抚养。他奶奶是个虔诚的清教徒，对罗素的家教相当严格，可怜的罗素每天早上要用冷水洗澡，从来也吃不到水果和零食。他还经常要按照清教徒的规矩反省自己的"罪行"。罗素从小就很孤独——看来孤独是哲学家的朋友啊——他小时候没上过学，接受的是家庭教育。罗素后来自己说，他 5 岁的时候就经常一个人在花园里面走来走去，觉得生活实在无聊，还不如一死了之。唉，很多人觉得哲学家都是些怪人，有时候想想也确实有点道理啊！罗素就像很多其他的哲学家一样，孤僻、高傲、多疑、善变。

罗素从小就对数学感兴趣，成年后考入剑桥大学三一学院，学习数学、哲学和经济学，跟怀特海、穆勒、凯恩斯这些后来的名人都很熟。

罗素一辈子结过四次婚，第一次是他从剑桥毕业以后，跟一个比他大 5 岁的美国美女爱丽丝。你要知道，罗素是英国贵族，而爱丽丝只不过是个美国平民，所以罗素家族百般阻挠，但是小两口冲破重重阻力还是结婚了。这段婚姻维持了 27 年，其间罗素还和三个女人私通。后来罗素和爱丽丝离婚，跟一个叫做朵拉的女人结婚，婚后两个人创办了一所小学，来贯彻罗素的教育思想。不过这个小学很快就难以为继，罗素最后跟朵拉离婚，然后离开了这个小学。精力充沛的罗素伯爵在 59 岁那年，又和他的秘书贝蒂结婚。80 岁的时候，罗素甩了贝蒂，和一个英国传记作家结婚。这就是罗素折腾的一生。其实罗素是个温和、善良，甚至有点羞怯的人。一直到 98 岁，他才寿终正寝，在他的威尔士老家。

罗素的主要哲学思想叫做"逻辑原子主义"。罗素提出"逻辑是哲学的本质"的口号，他认为我们的认识只能局限在经验领域，而经验以外呢，像什么宇宙的本质啊人生的意义啊之类的传统哲学的问题，其实是永远也没办法知道的，也是没有意义的。罗素说，哲学到了改革的时候啦，别再纠缠那些我们永远也没办法知道的事情啦，把那些问题统统像剃胡子一样剃掉吧。把传统哲学的问题像胡子一样剃掉以后，哲学要做什么呢？罗素说，其实只要是真正的哲学问题，都可以归结为逻辑问题，我们整个世界就是一个一个孤立的事实的机械结合，我们要做的就是对这些事实进行逻辑分析。

50. 维特根斯坦

路德维希·维特根斯坦其人

维特根斯坦

路德维希·维特根斯坦（Ludwig Wittgenstein, 1889 ~ 1951 年），出生于奥地利维也纳，后入英国籍，现代西方著名哲学家、数理逻辑学家，语言哲学的奠基人。维特根斯坦早期持"逻辑原子主义"思想，晚期强调哲学应回归日常语言。代表作为《逻辑哲学论》和《哲学研究》。

我度过了非常美好的一生

他的人生不需要任何艺术加工，因为它比任何小说都更要跌宕起伏。

谁是世界上最有钱的人？比尔·盖茨？巴菲特？或许是吧。但是隐居在欧洲某个城堡中的罗思柴尔德·维特根斯坦家族看见这个答案，一定会发笑。在他们看来，财富从来不是用来炫耀的，尽管他们在几百年前就已经是世界上最显赫的豪门。早在 19 世纪，这个家族就被称为"第六帝国"：继大英帝国、普鲁士、法兰西、奥匈帝国、俄罗斯之后的第六帝国。而那个时候，还没有"美国"这个东西呢。

路德维希·维特根斯坦就出生在这个家族。

维特根斯坦早年对工程技术相当感兴趣，他就读于一所工程技术中学。在那里，他认识了一位同学，尽管他们俩之间的关系并不好。这位同学的知名度要远远高于维特根斯坦，他的名字叫做：阿道夫·希特勒。

一战期间，维特根斯坦拒绝了在我们看来多得无法想象的巨额遗产。不久后成为奥地利军队中的普通士兵，参加战争。维特根斯坦在战场上完成了他的哲学著作，那年他二十几岁。他说语言必须表述经验范围内的事情，所以传统哲学的那些玄而又玄的东西都是鬼话。

顺便说一句，维特根斯坦的那位老同学也参加了这场战争，并且获得了铁十字勋章。

战争结束以后，自认为已经解决所有哲学问题的维特根斯坦去奥地利南部山区，当了一名山村小学教师。一贫如洗的维特根斯坦对学生一腔热情，却被粗鄙的山民视为疯狂的家伙。

结束山村教师生涯的维特根斯坦开始当起园丁和建筑师。在这期间他出版了他的第二本著作：《小学生字典》。

维特根斯坦的老师同样著名，他叫做伯特兰·罗素。维特根斯坦在他的论文答辩会上安慰自己的导师罗素说："别担心，你们是永远也搞不懂我的思想的。"结果论文顺利通过。

大约是小时候大富大贵的日子过腻了，维特根斯坦在剑桥当教授的时候还是一贫如洗，而且特立独行。他上课经常讲了一半就不说话了，自己站在那儿想自己的问题，想通了再接着上。他完全推翻了自己年轻时候的哲学观点，认为语言并不反映实在，它只不过是一套游戏规则。维特根斯坦说，哲学家要遵守我们日常语言游戏规则，不要去抠那些没用的字眼儿。

维特根斯坦活到62岁。他的遗言是：告诉他们，我度过了非常美好的一生。

维特根斯坦和希特勒中学时代的合影。
前排左一是维氏，后排右一是希氏

生平和思想

维特根斯坦生于维也纳，从小就身体不好（似乎很多哲学家都从小身体不好哇！），经常受哥哥姐姐们的照顾，这也造成了他腼腆的性格。维特根斯坦此后的人生你已经知道了：上中学（其间有个叫做阿道夫·希特勒的同学兼对头），然后进大学念航空工程。航空工程嘛说通俗点儿就是造飞机。维特根斯坦同学在造飞机的过程中接触了数学，从此被数学迷住，于是找到了数学和哲学界的导师罗素。维特根斯坦对这个改变自己命运的导师说："你说我是不是十足的白痴？如果是白痴我就回去继续学航空工程。"罗素说，是骡子是马你得拉出来遛遛，你还是先写篇文章来吧。当罗素拿到维特根斯坦的文章，只看了一行，就大叫了一声：你千万别回去学航空工程！就这样，维特根斯坦成了罗素的学生。维同学真是个好学的学生，他经常凌晨三四点跑去敲罗素的门，跟自己的老师探讨学术问题，一探讨就是一天。一战爆发以后，维特根斯坦主动请缨，要求上战场打仗。不过据说他这么做是为了找死，这是一种自杀的方式（维特根斯坦的家族里很多人都有自杀倾向）。不过上了前线后维特根斯坦没被打死，相反，他干得很好，很快就做了中尉。不久以后奥匈帝国投降，于是他顺理成章就成了意大利人的俘虏。在俘虏营里，中尉维特根斯坦成功变身哲学家维特根斯坦，完成了他的大作《逻辑哲学论》。几个月后维特根斯坦被释放，他放弃了巨额的遗产，跑去做小学老师。在做了五六年的小学老师以后，有人控告他体罚学生，于是维特根斯坦老师只好凄凉地离开了小学。小学当然不是维特根斯坦应该待的地方，他回到了剑桥大学，专心于教书和学术研究。在教了十几年书以后，永不安分的维特根斯坦先生觉得哲学教授是一个荒唐透顶的职位，于是他辞职回家，专心写作。4年后他身患前列腺癌，不久就与世长辞，结束了他传奇的一生。就像你前面已经看到的，维特根斯坦临死前说："告诉他们，我度过了非常美好的一生。"

维特根斯坦跟他的老师罗素一样，一开始也是个逻辑原子主义者。他认为全部哲学就是语言批判。维特根斯坦说，一个命题只有能被证实或者否证才有意义，如果你都没办法证实或者否证，那它就没有意义，就都是些废话。所以维特根斯坦跟罗素一样，认为过去的那么多哲学思想，基本上全是废话，没什么价值。

像罗素、维特根斯坦他们这帮人，是专门研究哲学语言的，他们都认为过去的哲学过时了，过去那些哲学问题都是伪命题，都是上了"语言"的当，那些语言有问题。一些人提出来要改造哲学语言，不能再用日常语言了，要创造出一种精确的人工语言，用数学和逻辑符号来写哲学（这也太恐怖了吧！），但是有的人觉得用日常语言来研究哲学就可以了，关键是过去的哲学问题太违背常识了，什么世界的本原啊什么的，这些都是伪命题，跟日常语言是相违背的。哲学要回归日常，回归日常语言。

后期的维特根斯坦就持一种日常语言分析哲学。他说语言实际上只是一种游戏，有一套大家共同遵守的规则。语言并不反映实在，它们是不确定的，会随着游戏规则的变化而变化。日常语言的这种不确定性、可变性和多义性，反而变成一种优越性，你只要掌握了游戏规则，就能很好地理解它、利用它，而不会像传统哲学那样弄成一堆糨糊，自己不知道自己在说什么。

51. 克罗齐

贝奈戴托·克罗齐其人

贝奈戴托·克罗齐（Benedetto Croce，1866～1952年），生于阿布鲁佐，意大利著名哲学家、历史学家和文艺批评家。认为世界是"纯粹精神"，而认识事物靠的是非理性的直觉。著有《美学原理》《逻辑学》《历史学的理论与实践》《实践活动的哲学》等。

克罗齐

地　震

2009 年 4 月 6 日，礼拜一。大概是周末玩儿得太累，早上闹钟叮叮当当响了足足十分钟我才慢悠悠地爬起来，习惯性地打开电视，然后刷牙。

"一则来自罗马的最新消息，意大利中部阿奎拉市今天凌晨三时多发生里氏 6.3 级地震，目前已造成至少 50 人死亡，数万人无家可归，意大利已宣布进入紧急状态，全力投入救援。"

听到这个新闻，我赶紧含着牙膏捏着牙刷跑到电视机跟前，但是已经没有更多这个地震的消息了。后来知道，阿奎拉地震造成 2 9 3 人遇难，大约 4 万人由于房屋被震毁而无家可归。

阿奎拉这个地方确实是地震频发的，比如 1883 年就发生过一次。

"所以你觉得自然界是不存在的，存在的只是纯粹精神？"老贝尼戴托穿着睡袍，舒服地躺在摇椅上摇来摇去，一边抽着烟斗，一边笑眯眯地看着他儿子说。

"当然！"小克罗齐对他老爸这种不温不火慢悠悠的态度很恼火：

"所以我们认识一个东西只能靠直觉，直觉。"

"我的直觉告诉我，你现在应该戴上睡帽去睡觉了。我们明天划船的时候再讨论这个问题怎么样？"

小克罗齐刚要开口说什么，突然瓦斯灯闪了几下，灭了。一阵轰隆隆的声音从脚底下传来，紧接着整个屋子摇晃起来，瓦斯灯和玻璃杯从书桌上摔下来，碎了一地。小克罗齐转过头刚想问发生什么事儿了，就看见父亲惊恐地睁大眼睛，脖子上青筋暴起，他发疯似的一边挥手一边狂喊："快跑！快跑！跑出去！"

克罗齐猛地回过神来，转身就朝门的方向跑过去。就在离门口还有一步的时候，克罗齐突然感到脚底下像有波浪在翻涌，他一下子跌倒在地上，然后一根柱子狠狠地砸到他背上。克罗齐感到一阵耳鸣，眼前开始发黑。他看见有火光在闪，不停地有各种东西倒塌，有人在跑……但这些东西好像都变成了慢动作，慢慢的，慢慢的……

小克罗齐当然没有死，否则也不会有后来的大哲学家克罗齐了。只可惜他的双亲和他唯一的姐姐在这场地震中遇难，而克罗齐自己也被砸断了好几根骨头。

生平和思想

克罗齐是 20 世纪非常著名的哲学家、史学家、美学家、政治家、文艺评论家，在西方影响很大。所以文艺青年都喜欢没事儿扯扯克罗齐，以显示自己的格调高雅。克罗齐是意大利人，家里很有钱，是名门望族，不过正像你上面看到的，他在 17 岁那年遭遇了一场地震，父母和唯一的姐姐都死了，而克罗齐自己也在废墟下埋了很久，差点儿就死掉。之后他继承了一大笔遗产，衣食无忧，从此开始了自己的学术之路。

克罗齐当官做学问两不误，一边搞学术，一边还当过意大利的参议员和教育部长。不过墨索里尼上台的时候他拒绝效忠法西斯政权，被撤掉所有职务。法西斯倒台以后克罗齐东山再起，重建意大利自由党，任党主席，还做过政府的不管部长（不管部长就是政府中不具体专门掌管某一部门事务的部长级官员。)

克罗齐在政坛上很活跃，但是一点不影响他做学问，这一点实在很牛。克罗齐把整个世界归结为一种客观的"纯粹精神"，认为自然界是不存在的，存在的只是纯粹精神。在这个基础上他提出一种"直觉主义"的认识论，认为我们认识事物从根本上来说要靠一种非理性的直觉。

克罗齐还有一种很有意思的历史观，他有句名言，叫做"一切历史都是当代史"。他认为历史没什么规律性逻辑性可言，历史论断都是当代人根据自己的需要"制造"出来的。

52. 弗洛伊德

西格蒙德·弗洛伊德其人

弗洛伊德

西格蒙德·弗洛伊德（Sigmund Freud，1856—1939年），生于摩拉维亚，奥地利著名哲学家、心理学家，精神分析学说的创始人。认为人的本质是"生命冲动"，即性欲。代表作为《梦的解析》。

采蘑菇

"奥利沃找的这个地方实在是棒极了！"弗洛伊德在草地上跑了几步，回头冲孩子们喊道。

对旅行消暑的胜地，弗洛伊德一家有自己的标准：一定要有充足的阳光，有清新的空气，附近要有可以用来散步的小松树林，要有足够的蘑菇可以采，要有美丽的景色，但是最最重要的是要足够安静，要离那些所谓的游人如织的旅游胜地远远的。

要找到这么个地方可不是件容易的事儿，奥立沃打听了很久才找到阿尔卑斯山脚下这个偏僻的乡村。复活节的时候，他还到这儿来考察了一趟，然后给他老爸写了份有趣的考察报告。最后老弗洛伊德家庭会议经过认真研究，批准了这份报告。

"其实最关键的是要有足够的蘑菇！"弗洛伊德摘下帽子，一边东张西望一边喊道："比比看吧，谁能采到最多的蘑菇！"

"您的'力比多'在这儿算是得到充分释放啦！"马蒂尔德扬起手里的篮子，挖苦地冲她老爸喊着。不过一眨眼的工夫，她发现老爸已经彻底消失了。

"嘿！又大又肥的蘑菇！"一块光秃秃的大石头后面传来弗洛伊德的喊声。等孩子们绕到石头后面的时候，只看见弗洛伊德撅着屁股偷偷地爬向蘑菇，突然拿起手里的帽子猛地盖住蘑菇，然后得意地大笑。

"我亲爱的弗洛伊德先生，我说过多少遍，蘑菇不是小鸟，它不会飞，您用不着拿帽子盖住它！"

生平和思想

弗洛伊德出生在摩拉维亚的一个犹太人家庭，一辈子大部分时间是在维也纳度过的。小的时候，有个吉卜赛女人预言，说他日后必成伟人。弗洛伊德的父母对这个预言深信不疑，他们给了儿子良好的教育。弗洛伊德大学里学的是医学，大学期间他在医学上有很多相当有创造性的发现，只不过因为他是犹太人，所以没人会重视。大学上了一半，弗洛伊德被一纸征兵令给征走，去当了个军医。不过这个军医当得倒也轻松：每天主要的工作就是给士兵开病假条，除此以外就是喝茶看报纸。军旅生涯结束后，弗洛伊德回学校完成了学业，度过了一段贫困潦倒的日子，经过多年的努力，终于开了一家属于自己的诊所。此后他开始研究精神分析的学说，这种学说即使在今天看来，也有点儿惊世骇俗，所以你可以想见，当年弗老前辈是受尽了压力和嘲笑的。

弗洛伊德有一大癖好，就是喜欢古巴雪茄。每天 20 根雪茄的习惯让他终于患上了口腔癌。二战期间，纳粹迫害犹太人，焚烧了弗洛伊德的作品，他女儿被纳粹抓起来，房子也被烧掉。万般无奈之下弗洛伊德只好离开维也纳，流亡英国，不久以后在伦敦病死。弗洛伊德被称为近代最伟大的三个犹太人之一——另外两个我不说你也能猜到：马克思和爱因斯坦。

弗洛伊德的学说影响是非常大的。不信的话你到大街上随便拉一个人问问，他一定多少知道点儿。弗洛伊德理论的核心词汇是"力比多"（Libido）。他认为人的本质是一种神秘的生命冲动，这种冲动实际上是一种生物的遗传本能的冲动。什么叫生物的遗传本能冲动呢？说白了就是性欲。这种性欲的冲动就是传说中的"力比多"了。弗洛伊德认为"力比多"是人所有的行动和心理活动的源泉和动力，我们人的行动和心理活动其实都是受本能的欲望冲动控制的。我们的欲望冲动是涌动不息的，当它找不到出口发泄的时候，就跑到你的潜意识里面去了。其实仔细想想，弗洛伊德的这些话确实是有点道理的。我们的很多行动和心理活动其实都是出自我们的生物本能啊，只不过大部分时候我们自己意识不到这一点。我们真的是自由的吗？我们在多大程度上是自由的呢？有时候我在想，我们只不过是大自然的一颗小小棋子而已吧。

弗洛伊德还提出来，人的心理结构是有"本我""自我"和"超我"三个部分构成的。怎么样，听上去更耳熟吧？所谓"本我"实际上就是无意识，就是受"力比多"控制的原始本能。所谓"超我"就是后天形成的被道德、宗教这些东西所构成的意识。而"自我"就是处在"本我"和"超我"之间的意识。在弗洛伊德看来，那些精神病，实际上就是"本我""自我"和"超我"之间的平衡被打破。

顺便说一句，尽管弗洛伊德整天研究的是性欲之类的东西，但是他本人对待性和爱是很严肃的。他和他夫人玛莎之间的爱情，以及他和谐的家庭，都堪称典范。

53. 胡塞尔

埃德蒙德·胡塞尔其人

埃德蒙德·胡塞尔（E. Edmund Husserl, 1859 ~ 1938 年），生于摩拉维亚，德国著名哲学家，现象学创始人。提出"现象学还原法"，著有《逻辑研究》等。

胡塞尔

小屋外的敲门声

　　胡塞尔从书桌前站起来，突然感到一阵眩晕，他急忙摸索着躺倒在他那张宽大的摇椅上，后脑勺隐隐地疼起来。没有力气，很长时间了，胡塞尔感到浑身越来越没有力气，精神也老是没办法集中。"是不是离最后的日子不远了？"他有时候会这么想。

　　胡塞尔伸手摸出一支烟叼在嘴里，过了好一会儿才突然想起来，急急忙忙又摸出火柴，擦了好几下，终于把烟点上，屋子里顿时烟雾缭绕起来。这些年胡塞尔抽烟越来越多，身体也越来越差。

　　"嘭！"门外响了一声，像是敲门声，又像是从更远的地方传过来的。胡塞尔睁开眼睛，挣扎着从摇椅上站起来，一边应着一边去开门。当年胡塞尔家可是门庭若市、熙来攘往的：能到世界级的哲学家家里来拜访一下，请教一两个问题，那真是莫大的荣幸。不过现在可没人敢随便跑到一个犹太人家里来——即使这个犹太人是位世界著名的哲学教授，即使像海德格尔这样的得意门生也几乎不再来恩师的小屋。"无所谓吧，"胡塞尔有时候想："只可惜真正科学的哲学，真正的现象学还原法怕是再没有人会提起了吧。"

　　胡塞尔打开门，没有人，门外冷清的街道上只有几片枯树叶子被风卷着到处跑。老人的眼睛暗淡了一下，轻轻把门关上，转身又躺倒在摇椅里。屋子里顿时又烟雾缭绕起来。

生平和思想

胡塞尔想错了，现象学不会因为他的去世而销声匿迹，恰恰相反，一直到今天，现象学运动仍然是我们这个世界上影响最大的哲学思潮之一。

写哲学家的故事，尤其是写现代哲学家的故事，其实是一件很困难的事情，因为他们大部分没做过什么惊天动地的事情，他们波澜壮阔的人生都发生在自己的大脑里，胡塞尔就是这样。胡塞尔在他七十大寿的答谢辞上说："我必须进行哲学思考，否则我就活不下去。"他就是这样的人，一个为哲学而活的人。胡塞尔是犹太人，出生在摩拉维亚一带，当时属于奥匈帝国。他在很多大学念书，然后在很多大学教书，其间写了很多书。就这样，一句话就可以概括他的一生。胡塞尔晚年受法西斯迫害，1938 年在孤独中逝世。

胡塞尔是现象学的创立者，是现象学运动的老祖宗。他一辈子致力于建立"具有严密科学性的哲学"。他认为真正科学的哲学，目的就是要寻求一种超越于一切相对性的、绝对的、终极的有效真理。那么怎么样才能认识这种"绝对的真理"呢？胡塞尔发明了一种"现象学还原法"。这种方法就是把过去的传统知识、把我们一些却反根据的常识全部"悬搁"起来，全部用括号括起来，不去想。接下来你要做的就是用你的"直观"去直接体验事物呈现出来的现象，从而领会事物的本质。天哪，这种方法听上去实在是玄而又玄，实际上要真正掌握现象学方法是需要一套系统训练的。通过现象学方法，胡塞尔觉得他终于找到了永恒的真理，这个真理就是纯粹的自我意识和纯粹观念。

现象学运动不是一个统一的流派，它就是一个大筐，什么流派都往里装，存在主义啊、后现代主义啊都属于现象学运动的一部分。所以后世的现象学跟当年胡塞尔的现象学已经完全不是一回事儿了。

54. 海德格尔

马丁·海德格尔其人

海德格尔

马丁·海德格尔（Martin Heidegger，1889～1976年），生于巴登—符腾堡，现代德国最著名的哲学家之一，存在主义哲学的代表性人物。海德格尔从对"存在"的研究出发，建立存在主义理论，代表作为《存在与时间》。

偷　情

下午下课的时候海德格尔抱着书刚要出门，突然停住脚步，回头朝一个女生笑了一下。

那个女生叫汉娜·阿伦特。海德格尔回眸一笑，让汉娜顿时心脏怦怦乱跳起来。汉娜摸了摸自己的脸，滚烫，她低下头，装作收拾东西，半天也没敢抬头。

汉娜当然知道刚刚那一笑的意思：那是海德格尔教授，或者说，是她亲爱的马丁，想要找她"谈谈"了。

汉娜在校园里绕了半天，确定没有人跟踪，才鬼鬼祟祟地走到办公楼下面。她抬头往那个熟悉的窗口望去，灯是开着的，窗台上放着一盆黄色的雏菊——这意味着现在是安全的。汉娜心跳得厉害，以至于上楼的时候她必须紧紧靠着扶手才不至于跌下去。好在三楼并不高，她伸长脖子看了看，门是虚掩着的，这代表了海德格尔先生的欢迎。汉娜回头往身后看了看，没有人，于是猫着腰钻进了门里。

门立刻就被锁上了。灯随即也被熄灭。一阵风吹过，屋外的柳树开始摇曳起来。

挖战壕的哲学家

"嘿，老头儿！"一个叼着卷烟，浑身脏兮兮的士兵站在上面朝战壕里喊道。老头儿没理他，其他几个人停下锹看了看，又接着挖起来。

汉娜·阿伦特

"嘿！嘿！老头儿！"士兵摘下嘴里的烟，蹲下来朝下面大喊了两声，老头儿还是一动不动。

"这老头儿叫什么名字来着？"士兵问。

"马丁，"一个脚上缠着绷带的年轻人一边铲土一边低低地说："马丁·海德格尔。"

1944 年冬天，天气变得越来越冷。盟军六月份从诺曼底登陆以后，离莱茵河防线一天比一天近。莱茵河是德军在西线的最后一道防线了，希特勒从各地征召成千上万的老弱病残到莱茵河对岸挖反坦克战壕，准备最后的决战。海德格尔是征召的教师团体里最老的一个。

海德格尔还能清楚地记得第一次见到汉娜·阿伦特时的情景。那时候他才 35 岁，在马堡大学教书。那一定是个秋天的午后，刚下过雨，空气纯净得像刚洗过一样。阳光很好，窗外的街道上积了厚厚的落叶，行人走过的时候发出吱吱的声音。

"'存在'到底是什么，这是说不清楚的，我们只能试着描述它。"他在上面滔滔不绝地讲着，汉娜，那个只有 18 岁，穿着白色 T 恤的女孩儿悄悄推门进来。18 岁啊，正是一个女人一生中最动人的年纪。整个教室好像突然一下子亮起来。他开始不知所措，微微地出汗。"所以所以所以我们的本质总是被现实遮蔽着，人生在世充满着烦恼……"他自己都不知道在说些什么，只看见一双明亮的眸子盯着自己，闪闪发光，闪闪发光……

"马丁！马丁！"汉娜突然张开嘴，发出的却是男人的声音，一种粗哑的，撕裂的声音……

"马丁！马丁！"士兵跳下战壕，几乎是贴着海德格尔的耳朵喊起来。年老的哲学教授猛地一下惊醒，眼神一片茫然。

庄周梦蝶，还是蝶梦庄周？

生平和思想

海德格尔给人讲亚里士多德的时候，开场就说："他出生，他工作，他死了。"其实海德格尔自己也是一样，这个对我们今天的世界产生巨大影响的哲学家几乎没什么特别的生平，他就是个学者，不停地工作，然后死去。

海德格尔出生在德国西南部黑森林地区，他一辈子几乎都是在那个地方度过的。海老爸是他们家乡小镇教堂里的司事，专门管理地窖、敲钟、看大门以及给死人挖坑，偶尔也帮人箍酒桶来赚点儿外快；海老妈同样也是个虔诚的天主教徒，最大的爱好是用鲜花把教堂装点得漂漂亮亮。海德格尔从小立志要做一个天主教牧师，后来他也确实去念了神学。只可惜海同学身体不好，有心脏病，教会拒绝让他做神职工作。不过海德格尔自己也渐渐发现，神学实在不是他的菜，能引起他内心激荡的只有哲学。之后他投到胡塞尔门下，渐渐在哲学界崭露头角，辗转于各大高校之间，做起了教授。（很多哲学家为一个教授的名头追求了一辈子。在欧洲，尤其是德国，想当教授可没那么容易，只有那些真正德高望重的人才能担当，教授头衔由国王亲自授予。现在咱们这儿可不太一样，你去高校里人多的地方随便扔个石头，砸到的多半就是个教授。）说到胡塞尔和海德格尔这对师徒的恩怨，那真是错综复杂，有人说海德格尔忘恩负义，背叛恩师。所谓清官难断家务事，事情到底是什么样，我们也别再蹚这个浑水了。

海德格尔先后在弗莱堡大学和马堡大学教书，后来还当了一年纳粹德国的弗莱堡大学校长。说到海老先生和纳粹之间的暧昧关系，那更是一笔糊涂账。后来很多人经常拿他跟纳粹的关系说事儿，但是我觉得海老爷爷就是一个学者，基本不懂政治。

你听说过汉娜·阿伦特吗？一个非常著名的政治哲学家。海德格尔和阿伦特之间的风流韵事也经常被人津津乐道——人啊，总是对这些事情感兴趣。阿伦特是海德格尔的学生，18岁的女学生和35岁的教授对上了眼，然后发生了很多故事，然后分别，几十年后重逢，就这样。美国有个作家叫薇拉·凯瑟，她写过一句话："人的故事一共只有两三个，可是却以这样激烈的方式一再重复，好像以为从来没有发生过一样；就像这里的云雀，几千年来就唱着同样的五个音符。"

基于海德格尔与女学生偷情、背叛恩师以及与纳粹合作的事儿，有人总结说，海德格尔先生思想伟大、人格渺小。事实究竟是什么样，真的很难说。

还是说说海德格尔的哲学吧。想把海德格尔的哲学讲清楚，这其实是个很艰巨的任务，我试试看吧。

你有没有想过，"存在"到底是什么？海德格尔想过。他说，我们之前混淆了"存在"和"存在者"，"存在者"很好理解，每一样存在的东西都是"存在者"。可是"存在"这个看不见摸不着的东西到底是什么呢？海德格尔说，"存在"是不能被界说的，我们只能试着描述它。

说完了"存在"，海德格尔讨论了一种特殊的"存在"：人的存在。海老先生给"人的存在"起了个名字叫做"此在"。他觉得人生在世啊就是一个字："烦"。为什么烦呢，因为我们人的本质被日常的俗世生活给遮住了，看不见了。怎么样才能重新看见本质呢，一个字："畏"。畏就是怕，怕什么呢，怕死。只有在"死"的面前我们才能体会到真正的自己。

想想看，其实这话说得真有道理啊，我们都知道会死，我们都怕死，所以才要在这短短的几十年里面尽量去听从内心的召唤，去做真正的自己。

海德格尔极其鄙视现在科学技术，说那些东西只会使人丧失自我。我们现在这个世界真的是这样：不是人来支配科技，而是科技来支配人。我们的生活在科技的压迫下已经丧失诗意啦，山不叫山，那是矿石和岩石的堆积；水不叫水，那叫 H_2O……如果离开科技，你还能学会生活吗？

我尤其喜欢海德格尔的那句话：人，诗意地栖居。

55. 萨　特

萨特

让·保罗·萨特其人

让·保罗·萨特（Jean—Paul Sartre，1905～1980年），生于巴黎，法国著名哲学家、文学家，法国存在主义哲学代表人物。持存在主义观点，提出"存在先于本质"，著有《存在与虚无》、《存在主义是一种人道主义》等。

拒领诺贝尔奖

每一个日子都是一样的。每一个日子都是不一样的。

1964年10月22日，巴黎。

"亲爱的女士，我已经等你半个世纪了。"一个小个子男人穿着灰色的西服，戴着硕大的黑框眼镜，右眼偏斜着，眼底露出瘆人的惨白。

"您的半个世纪真是短啊，先生！"波伏娃穿着带毛领的呢子大衣，高兴地从楼上下来。

依然是圣日耳曼大街的第三个路口，依然是花之咖啡馆，依然是扁豆培根。萨特依然安静地抽他的大烟斗，波伏娃依然翻她的《费加罗报》。不过今天的《费加罗报》有点不太一样，那上面是一张萨特的照片，占了整整四分之一的版面。照片上面用花哨的字体写着：萨特喜获诺贝尔文学奖。

"你瞧，这些人要比你高兴得多。"

"啊哈。我想人应该是绝对自由的，就让我自己来决定我自己吧。"萨特含着烟斗含糊地回答着，然后从皮包里拿出纸笔，开始写起来。

波伏娃伸长了脖子，看见萨特在纸上写了两个字：声明。

　　那天下午，诺贝尔奖委员会收到一份来自文学奖获奖者的声明：我一向谢绝来自官方的一切荣誉。

萨特与波伏娃

生平和思想

　　要是你看过萨特的照片，你一定会印象深刻，因为他的右眼严重斜视加弱视，看上去很诡异，这种情况从他3岁时候就开始了。实际上他的另一只眼睛也好不到哪儿去，在萨特晚年的时候两只眼睛都挂掉了，全盲。除了眼睛，萨特先生身体的其他部分也并不美观：他又矮又瘦，身高还不到一米六，戴一个大大的眼镜，相貌丑陋，脸上满满的都是当初青春痘消逝后留下的印记。此外他肌肉僵硬，动作非常不协调。连萨特自己都称自己为"癞蛤蟆"——这显然不是他在谦虚。

　　萨特的老爸是个海军军官，不过在萨特15个月大的时候他就死掉了。可怜的小萨特只好跟着妈妈回到姥姥家生活。萨特的老妈在娘家又做保姆又做管家，每天穿得破破烂烂，过得辛辛苦苦。不过小萨特倒是很受姥姥姥爷喜欢，他姥爷一直觉得这孩子将来一定大有价值。为了帮他练习拼写，姥爷亲自上阵，教小萨特写诗和小说。于是8岁的萨特写出了平生第一部小说《为了一只蝴蝶》，讲一对父女在亚马孙丛林奇异冒险的故事。我不得不说，萨特的姥爷真是个优秀的教育家！

不过这个小个子丑八怪在外面可吃不开，孩子们都不爱跟萨特玩儿。萨特自己在《词语》里就描述过他小时候的一个场景："孩子们在卢森堡公园里玩儿。我走近他们，他们从我身边走过连看都不看我一眼。我像乞丐似的可怜地望着他们玩儿……我靠在一棵树上期待着，甚至当'俘虏'，当一个不说话的角色也将使我很快活，但他们不给我一个机会……母亲要去为我求情，我恳求她别这样做。她拉着我的手，我们便起身从一棵树走到另一棵树，从一群人到另一群人，不断恳求，不断被拒绝。"

萨特从小就热爱人文学科，后来考上了巴黎高师。（对这个学校，我实在是心向往之啊……巴黎高师每年只招两百名学生，规模超小，这个学校甚至没有学历证书和毕业证书的授予权，但这绝不影响它成为全世界最好的高校之一。）他年轻时候发过豪言壮语，说，"我要同时成为斯宾诺莎和司汤达"。而事实是，他确实做到了，你完全可以说，萨特同时是一流的哲学家和一流的文学家。牛人啊！

萨特先生和其他很多哲学家不一样，他有很强的入世精神，是一个社会活动家。20世纪40年代他到处参加反法西斯运动，20世纪50年代到处鼓吹社会主义，20世纪60年代他更活跃，从古巴导弹危机到中东战争，甚至法国的学潮运动，都能看见他和波伏娃的身影。

啊，对了，波伏娃和萨特的关系是不能不提一下的。当年两人同在巴黎高师读书，考试的时候一个第一，一个第二，从那个时候起，两个名字就再也没分开过。他们是终生的自由情侣、精神伴侣。不过萨特和波伏娃反对婚姻，崇尚爱情的独立自由，没事儿喜欢来点儿"偶然"爱情，所以他们俩一直没有结婚。他俩曾经订过一个两年的协议，规定两人要保持亲密的关系，互相坦诚，但不应干涉对方的自由。事实上这个协议他们遵守了一辈子。

"萨特"这个名字自然是和"存在主义"紧紧联系在一起的。他最著名的一个口号就是"存在先于本质"。什么叫做"存在先于本质"呢？实际上萨特的意思是说，一个人的本质，一个人是什么样的本性，不是别人决定的，不是生下来就确定的。你的本质，你的本性，只能由你自己决定。你必须用你的意志自由和自由行动来创造自己的本质，创造你自己。你可以看出来，萨特的这些论调强调的就是两个字："自由"。人必须是自由的，人必须对自己的本性负责。这些就是萨特存在主义学说最核心的内容。

当然萨特的学说还包括其他很多方面，比如说他还有句名言：他人即地狱。天哪，如果他人就是地狱的话，那我们岂不是天天生活在地狱中呀！其实仔细想想，这话是有道理的。我们自己独处的时候，别人看不到你的时候，你才能做真正的自己，真实的自己。一旦有了他人，我们就被"异化"了，我们就常常做出不是出自我们本心的事儿了，因为我们得惦记着自己在别人眼中的形象呀！比如说大热天的，我一个人在家的时候可以赤裸裸一丝不挂，真是凉快，但要是走到街上还是一丝不挂的话，我估计会被人踩死吧。所以我经常在想，人啊，是要有一点孤独心的，是要有一些独处的时间的，只有独处的时候，我们才最接近那个真实的自己吧。

当我们自己变得不是自己的时候，就是"异化"的开始。什么是"异化"？很简单，异化就是我们违背自己的本心做出的事情，异化就是被其他力量，甚至是自己的创造物所奴役。最常见的例子就是商品和金钱。那一张张钞票，一件件商品，都是我们人类创造出来的吧？可是我们却往往反过来被金钱和商品奴役，一辈子为了钱而奔忙，为了钱而违背自己的本心。这就是"异化"嘛，这就是"异化"。

你在想，"异化"一定是一件痛苦的事儿吧。那可不一定。"异化"的程度有深有浅，而实际上异化的程度越浅，痛苦就越大；异化的程度越深，痛苦反而越小。还记得尼采笔下的"群氓"吗？那些人每天做着和别人一样的事儿，说着和别人一样的话，不需要思考不需要抉择不需要纠结，多快活呀。其实这就是最深刻的异化——他们已经忘记了自我，丧失了自我。

也许"异化"是永远也不可能完全避免的吧。不信你去百货公司看看，每个专柜的沙发上都坐着几个提着大包小包耷拉着脑袋的男士——没有男人喜欢逛商场，不过为了不至于打一辈子光棍儿，你还是得违背自己的本心，被某位女士"异化"一下吧。但是我想说的是，永远不要丧失了自我，尽量地，去做真正的自己。

Part 4

中国哲学家

56. 老 子

老子其人

老子

老子（又称老聃、李耳，约公元前 571～前 471 年，生平有争议），楚国苦县人，中国著名哲学家、思想家，道家学派的创始人。认为"道"创生万物，具有辩证法思想。著有《道德经》。

出 关

尹喜照例起得很早。10 月的函谷关已经是寒风瑟瑟，尹喜点起一盏灯，胡乱裹几件衣服，往东门去了。

站在函谷关城头往东边望，两侧高山绝壁巍巍耸立，两山之间只有一条狭窄的小路，勉强能容得下一驾马车。"实在是险要啊！"尹喜常常发出这样的感叹。前人有个比喻，说函谷关"一泥丸可封关"，还真是贴切。

在别人看来，函谷关四周了无人烟，寂寞之至，不过尹喜却觉得这是个读书的好地方。每日抬头观天象，低头览简牍，尹喜这个关令当得倒也逍遥自在。

尹喜胡乱裹着衣服，像往常一样站在城头上，看星月渐隐，白昼渐浓。突然，东边天空里紫气腾腾，霞光万丈，那紫气越来越浓，渐渐向函谷关飘来。尹喜大惊。古书上说，紫气东来，必有圣人。尹喜傻站了一会儿，突然慌忙跑下城头，换上干净的衣服，等在城门口。

时间尚早，天还没有大亮，函谷关古道上一个人都没有。尹喜站在城门口等了一会儿，觉得实在无趣，便要回去。这时候古道上远远地出现一个影子。尹喜一下来了精神，伸长脖子望着。只见一个清瘦的老人，白发白须，骑着一头青牛晃晃悠悠朝这边过来。"老子！"尹喜失声喊道。先前在洛邑的时候，尹喜早就拜访过老子，没想到居然能在这个地方相见。看来"紫气东来，必有圣人"的话真不是瞎说。

"'道'啊，是宇宙万物的本源，创生万物。人也要像'道'一样去生活，要清静无为，要柔弱不争，这才是真理啊。"老子在驿馆里给尹喜说了一通，便想要启程。尹喜可不答应，他缠着老子，要他在此著书，写出书来才放他过关。老子没办法，找来木简，把他一直以来的想法记录下来，一共5000字，取名《道德经》。

今天的函谷关

生平和思想

老子到底是谁，这是一笔糊涂账，到现在也没人搞得清楚。道教说老子是太上老君，是神仙。不过多数人还是对司马迁更信任些，司马迁在《史记》里面说，老子姓李名耳，谥号叫"聃"，春秋末年楚国人，比孔子年长。所以"李耳""老聃""老子"说的都是同一个人。

关于老子的出生，传说里说的玄乎其玄，说老子是彭祖的后代，寄胎于一个叫做理氏的女人肚子里。有一天，这个理氏在小河边上洗衣服，突然看见河里漂过来一个黄澄澄的李子，于是她把李子捞上来吃掉了。从此理氏就怀了孕，这一怀就是九九八十一年。八十一年之后，理氏终于从胳肢窝里生出一个婴儿，这孩子一生下来就白眉毛白头发，还有满脸白色的络腮胡子。更诡异的是，这么一个怪物一生下来就会说话，他躺在他妈怀里，指着院子里一棵李子树说，喏，这就是我的姓，本人姓李！

当然了，这纯属扯淡。还有种说法听上去稍微靠谱点儿，说老子的老爸叫做老佐，是宋国的将军。老佐率军与楚国人在彭城会战，不料被叛徒的冷箭射杀。随老佐出征的眷属一听将军被杀，急忙逃跑，跑到陈国相邑的时候，有孕在身的老夫人突然肚子疼，不一会儿就生下一孩子，这就是老子。老子一生下来就是脑袋大身子小，两个耳朵很长，于是大家给他取名叫"聃"，就是耳朵又长又大的意思。老子是属老虎的，当地人把猫叫做"狸儿"，所以大家亲切地管老子叫"小狸儿"，就是小老虎的意思。叫的时间长了，以讹传讹，人们就以为老子叫做"李耳"了。

老子从小聪明过人，经常会问些让人无语的问题。他老妈给他找了个家教，教了三年，这个老师实在受不了了，跟他妈说，我学问太浅，教不了了，你还是把孩子送到周都洛邑去吧，那儿是大城市，牛人比较多。于是13岁的老子来到洛邑专心学习，最后终于学有所成，做了洛邑国家图书馆馆长，还曾两次亲切接见过孔丘同学。据说他晚年的时候对周朝伤心失望，于是骑了只青牛想出关找了个无人烟的地方隐居起来。出关的时候在函谷关碰到了尹喜，尹喜强迫他著书立说，不然不放他出关。李耳被逼无奈，写下5000多字，命名为《道德经》。"老子出关"是个很有名的典故，鲁迅在《故事新编》里就曾写过这个故事。至于老子出关之后去了哪儿，就比较有争议了，有人说他去了西域流沙，活了很久，还有人说他跑到印度，那里有个叫做乔达摩·悉达多的人跑去跟老子学习，受到点化，从此悟道，开创了佛教。不过我觉得这事儿好像太牵强了点儿吧。

《史记》里还说，有人认为老子就是老莱子，楚国人，跟孔子同时代；还有人认为老子是周太史儋，比孔子小一百多岁。其实老子到底是谁不重要，我们只要了解他的思想就好了。

老子是道家学派的创始人。他思想的核心词汇显然是"道"。什么是道？老子说"道可道，非常道"，意思是说，"道"这个东西要真能说清楚的话，那就不是"道"了。这是中国哲学的一大特色，很多东西是没法去下定义，给一个确切的答案的，它强调的是个人的体悟。这和西方哲学很不一样。所以有人提出来，说中国没有哲学。如果以西方哲学的标准来衡量，中国确实没有哲学。啊，扯远了，我们还是来说老子。"道"是说不清楚的，但是一定要说的话，你可以把它理解为"自然"或者"自然规律"。当然啦，这种理解其实是有点牵强的。

老子认为"道"是天地万物的最初本源，创生天地万物，并且万物最后又会复归于"道"。这是一个循环。其实老子思想里面有很多辩证法的内容，他认为所有事物都有对立面，对立面的东西会互相转化。我们最熟悉的就是那句话："祸兮福所倚，福兮祸所伏"，一件事儿谁知道是祸是福呢。

上面那些思想都是关于宇宙万物的。老子还有很多关于人生处世的思想。他说，我们人也要向"道"学习。学习什么呢？一个是"自然无为"，做什么事儿都要顺其自然，不要强行做违背规律的事儿；另一个是"柔弱不争"，柔弱往往能胜刚强，你看舌头比牙齿柔软多了，但是等你老的时候，牙齿都掉光了，舌头还很灵活，就是这个道理，这就叫以柔克刚。这些思想其实是很实用的啊，是很厚黑的啊，它教导我们，在处世的时候要"示弱"啊，别处处逞强，要韬光养晦，要圆润，要迂回。中国人的处世哲学，很多都是从老子那儿来的啊。

57. 孔 丘

孔子其人

孔丘

孔子（名丘，字仲尼，公元前551～前479年），春秋时期鲁国陬邑（今曲阜）人，中国最著名的思想家、教育家之一，儒家学派的创始人，对后世影响深远。提出以"仁"为核心的伦理思想，编有《春秋》，其言行记录在《论语》一书中。

路遇疯子

"累累若丧家之犬，哈哈哈，我还真的就是这样！你看我被这些君主大夫们赶得到处逃跑，不就跟条狗一样嘛！"孔丘坐在马车上，朗声笑着。边上几个人苦兮兮地看着他，只是摇头。

这条小路坑坑洼洼，马车上上下下颠簸着，扬起一大片灰尘。1.9米的魁梧身材使孔丘坐在马车里很不舒服，得时刻提防着撞头。

"你们说说，我们的学说有什么不对吗？为什么沦落到这种地步？"孔丘望着几个徒弟，笑眯眯地问。

"老师讲仁者爱人，努力推行仁政，哪有什么错啊！不被容纳怕什么，知其不可而为之才是君子本色呢！"

路越来越难走，车上的人个个耷拉着脑袋，身体随着车子东摇西晃，早就没了讲话的力气。

"凤凰啊凤凰啊，怎么连你都缺德了啊！"车前方一个人怪声怪调地唱着。孔丘探出头来观望，看见一个披头散发，衣着褴褛的人疯疯癫癫地边走边唱，衣服上的破布片被风吹得哗啦啦响。

"往事不堪回首啊，算了吧算了吧，那些从政的人都太危险啦！"

疯子越唱越起劲儿，那破锣嗓子唱得人心里直发毛。

"快停车，这就是传说中的隐士啊！"孔丘慌忙下车，朝那疯子喊："先生请等一下！先生请等一下！"

疯子斜睨了一眼，自顾自地走远了。"凤凰啊凤凰……"

孔丘站在那儿呆了半晌，怅然若失。

生平和思想

孔老夫子全国人民都很熟悉，我们就简单一点说吧。孔子是春秋末年鲁国人，姓孔名丘字仲尼。为什么叫"丘"呢，据说是因为他老人家生下来的时候头顶中间是凹下去的，像尼丘山，所以就取名叫"丘"，字"仲尼"。"仲"就是排行老二的意思啦，所以你一定听过"孔老二"这个词儿。孔老爹叫叔梁纥，是鲁国著名的武士，而孔老娘是叔梁纥的妾，叫颜徵在。孔子3岁时死了爹，他老娘作为小妾没什么地位，只好带着孔子远走他乡，生活艰难。孔丘从小心系天下，一心想从政，只不过命运坎坷，仕途总是不如意。他在鲁国从小官做起，最高做到代理国相，据说把鲁国治理得相当凑合。不过后来卷入政治斗争，反正错综复杂，最后不得已离开鲁国，开始周游列国，那年他56岁。周游列国期间孔子更是历经坎坷。他那套实行仁政的思想跟当时列国争霸的局面完全不相符，基本上没人愿意听他磨叨。所以他只好从一个国家到另一个国家，不断迁徙，其间，还遇到几次危险。一直到孔子68岁的时候，在他弟子的努力下，终于被迎回鲁国。68岁，就是搁今天也早过了退休年龄了。所以孔子回到鲁国后终于放弃做官的想法，广收门徒，专心传道授业，一直到73岁去世。

孔子的思想主要是人生哲学、道德哲学和政治哲学，讲究的是经世致用，这跟早期西方哲学的探求宇宙奥秘的方向又不一样了。孔子思想的核心词，毫无疑问是"仁"，"仁者爱人"。所以孔子是讲究"爱"的。孔子要我们把爱贯穿在为人处世的始终，大家都有爱，自然就天下太平了。不过这种"爱"可不是瞎爱的，"爱"是有差等的：你要先爱自己的父母兄弟，然后爱自己的邻里乡亲，这样一直推下去，对所有人都有爱，最后是让世界充满爱。孔子的"仁学"推广到治国的层面，就是要提倡"仁政"，强调"以德治国"。这些就是孔子思想的核心。当然了，孔子的思想还包括其他很多方面，你自己找本《论语》来读吧——我想，作为中国人，有几本书你总应该看一看的吧，比如《论语》。

58. 墨 翟

墨子其人

墨翟

墨子（名翟，约公元前 468～约前 376 年），战国时期鲁国人，中国著名思想家、教育家、科学家、军事家、社会活动家，墨家学派的创始人。提倡人人相爱的"兼爱""非攻"思想。思想主要记录在《墨子》一书中。

哲学家的玩具

话说鲁班、墨翟在石人山师从鲁直，苦学攻防之术八年。学成下山之后各奔东西，数年未通消息。这一日，墨翟在廊前汲水，忽有弟子来报，说那鲁班为楚王造出攻城利器，其高入云，唤之曰"云梯"。楚王将率军伐宋，以云梯破城。

墨翟大惊，放下水桶，对弟子正色道："楚王若伐宋，免不了生灵涂炭。速速准备干粮，随我往楚国去。"

行至楚界已是三天之后。墨翟忽觉脚底发热，疼痛难耐，低头看时，鞋底已磨出大洞，脚底起了泡，有的已血肉模糊。墨翟慌忙撕下衣服裹于脚上，对弟子苦笑道："草鞋磨穿了好几双，如今这衣服也毁了。也罢也罢，速速赶路要紧。只怕去得晚了，又要多死多少人。"

鲁班同墨翟叙了一番旧，便带他面见楚王。

"楚国地大物博，宋国不过百里，楚王何苦放着马车不坐，偏去抢那独轮小车？如若人人互爱互利，与人为善，岂不就天下太平了嘛！"

"先生说得在理。"楚王敷衍道："但寡人已万事俱备，定当伐宋无疑了。"

"不过楚军到时未必占得便宜。"墨翟朗声笑道:"大王只需取木片来,我可演示一番。"

楚王甚是好奇,忙命人取来木片。墨翟解下腰带,弯作弧形,算是城池;将木片分成两份,一份留下,一份交与鲁班,便是攻守的器具。两人各拿木片,下棋一般推演起来。攻的木片一进,守的就一架,这边一退,那边就一招。楚王似懂非懂,目瞪口呆。

鲁班九次进攻无一胜利,抬头对墨翟恼道:"我尚有一法可以赢你!"

墨翟一愣,旋即笑道:"师兄尽可以杀我。但此刻我弟子三百人已深得我守御之法,立于宋城。"

"也罢,寡人将不伐宋。"楚王悻悻道。

生平和思想

墨子是谁,也有很多说法。比较大众的说法是,墨子姓墨名翟,战国初年的思想家。也有人认为墨子姓翟名乌,还有人认为墨子其实是印度人或者阿拉伯人,"墨翟"只不过是"蛮狄"的讹传。相传墨子面目黝黑,长得确实像个外国人。据说他一开始是儒家弟子,后来面对繁琐的礼乐实在崩溃,就另立门户,创立了墨家。

墨家学派跟道家、儒家这些学派不一样,它是一个有组织有纪律的团体。这跟古希腊的毕达哥拉斯学派很像——如果你还记得的话。墨家学派讲究勤俭节约,他们没什么物质享受,每天都辛勤劳作,内部成员互相帮助互相照顾,统一服从"巨子"的领导——墨家学派的首领就被称为"巨子"。

墨子是劳动人民出身,他除了是个思想家,在数学、物理学和机械制造上面都有两把刷子。据说他与公输班,也就是鲁班,是同门师兄弟,俩人都是能工巧匠。相传墨子曾经造出来一种会飞的木鸟,不知道算不算飞机第一人。

墨子思想的核心就是两个词:"兼爱""非攻"。"兼爱"就是说人人要互爱。不过这种爱跟儒家的爱不一样。儒家讲"爱有差等",爱有亲疏、贵贱之分。而墨家的爱强调的是无差别，爱别人就像爱自己。不过墨子的这种"爱"具有功利的色彩，强调对等互报，要互爱互利互惠。"非攻"就是把"兼爱"的原则推广到治国上，提倡和平，反对战争。

在治国方面，墨子提倡不计贵贱，任用贤才；提倡下级服从上级；提倡勤俭节约，反对厚葬啊、礼乐啊这些东西。

"子不语怪力乱神"，儒家学派是"敬鬼神而远之"，不讨论那些神神叨叨的东西。墨子不一样，墨子说世界上有鬼，人在做鬼在看，所以你千万别做亏心事，不然小心半夜鬼敲门。

你可以看出来，墨子的思想是很切近广大劳动人民的。当时墨家的影响非常大，所以孟子后来有句话，叫"天下之言，不归杨，即归墨"，就是说当时全国人民要么信杨朱的，要么信墨子的，那时候儒家只能靠边站。

59. 孟 轲

孟子其人

孟子（名轲，字子舆，公元前372～公元前289年），战国时期鲁国人，中国著名思想家、教育家，儒家学派重要代表人物。持"性善论"，倡导"仁心""仁政"的伦理境界，著有《孟子》。

孟轲

史上最著名的老妈

每个人都是妈生的，每个人都有老妈，但老妈跟老妈是不一样的，中国史上最著名的老妈你知道是谁吗？她叫仉氏。也许她的另一个名字你会更熟悉点儿：孟母。

对啦，仉氏是孟子的老妈，简称孟母。三字经里有一句话，叫"昔孟母，择邻处；子不学，断机杼。"说的就是仉氏的两个典故："孟母三迁"和"孟母断织"。

"孟母三迁"说的是遥远的战国时代的事儿。那时候房价很低，人们生活很幸福。孟子一家原本住在一片墓地边上，小孟轲每天闲着没事儿，就喜欢跑到坟头上学人家磕头哭丧，学得惟妙惟肖。仉氏一看不行，这也太晦气了，于是作了一个重大决定：搬家。孟子一家搬到了一个市场边上，这时候，从小就独具演员气质的孟轲又开始发挥他的才能了，他每天跑到市场上，学人家卖东西，天天喊着"走过路过不要错过""瞧一瞧看一看，跳楼价大甩卖"什么的，仉氏一看，又崩溃了，心说儿子你也太好学了吧！没办法，仉氏一咬牙一跺脚，再搬。这一次仉氏学聪明了，买房不能光听开发商胡吹啊，还得看地段。仉

氏左挑右选，挑中一个学区房，贵是贵了点儿，但是紧邻学校，人文
环境绝佳啊。事实证明仇氏的决策太英明了，小孟轲从此天天跟着学
校里的人学着鞠躬作揖，俨然一个小绅士。这就是"孟母三迁"的故事。

至于"孟母断织"的故事就要简单得多。说有一次仇氏正在家里
织布赚外快，突然看见她儿子孟轲小朋友背着个书包进门，就问他，儿
子，今天学得怎么样啊？孟轲说，还那样呗。这时候仇氏开始发飙了，
她说，啊？还那样？你怎么敢说还那样！说着就抄起一把剪刀把自己
刚织的布全剪断了。孟轲小朋友吓坏了，心想，妈呀，您又是演的
哪出呀！孟轲小心翼翼地问，娘啊，您这是干啥呀？仇氏于是噼里啪
啦一顿说，大意就是，你敢荒废学业，老娘就敢剪断这布，咱俩都别
过了。孟轲赶紧说，得得得，下次不敢了，下次不敢了。

关于孟子的老娘仇氏，还有个"孟子欲休妻"的故事。说孟子长
大以后娶了个老婆。有一次他老婆一个人坐在屋子里，孟子推门进去
看了一眼，勃然大怒，出来跟他妈仇氏说，妈，这老婆我不能要了，我
要休了她！仇氏说，慢点儿说，怎么回事儿？孟子说，我进门一看，好
么，她居然完全不讲礼仪，在家里伸着两条腿坐着！这日子没法过了，
离婚离婚！仇氏说，嘿，你小子，明明是你自己不讲礼仪啊！你进屋
之前怎么不敲门？不敲门你就冲进去啦？孟子一想也对，离婚的事儿
也就作罢了。

这三个故事告诉我们，什么样的老妈，必生出什么样的儿子。

王顾左右而言他

"先生今天又有何赐教哇？"孟轲刚坐定，齐宣王就笑嘻嘻地问。
好几个月了，这个孟轲天天在他耳边絮叨，人人都有恻隐之心，所以
要有仁心，有仁心自然要行仁政……

孟轲刚才一直在看殿前武士那把寒光凛凛的刀，听齐宣王一问，赶
紧竖直了身子，却并没有答话。

"先生？"齐宣王见孟轲没有说话，心里暗笑：你也有没话说的时
候啊！于是他得意起来，故意小声地问："先生——有何——赐教？"

"大王啊，我听说有个人要去楚国出差，这一去得好几个月，老婆

孩子在家没人照顾。所以他临走的时候把老婆孩子托付给一个朋友照顾。结果过了几个月，这个人从楚国回来一看，自己的老婆孩子流落街头，饿得皮包骨头，正躲在角落里冻得发抖呢。你说说看，他这朋友怎么样哇？"

"这算什么朋友！"齐宣王想都没想："绝交，必须的。哪有眼睁睁看着朋友的老婆孩子流落街头挨饿受冻的啊！"

孟轲没接齐宣王的话茬，又接着问："那要是大王你有个官儿，这个官儿什么也做不好，也管不好自己的下属，这种人该怎么办？"

"一个字：撤！这种官儿留着干吗？"齐宣王一边随口答着一边想，这个孟轲今天又是演的哪出啊，尽找些白痴的话题。

"说得好！"孟轲突然大喊了一声，吓得齐宣王一个哆嗦。"那如果说……"孟轲故意拖长了音，死死盯着齐宣王说："那如果有个国王，自己的国家都治理不好，搞得民不聊生呢？"

"啊……"齐宣王愣了一下，抬头对着天花板东张西望了一会儿，支支吾吾地说："那什么……今天天气不错……先生愿意跟我踏青去吗？"

"哧！"孟轲忽地站起来，自顾自地走了。

生平和思想

孟子姓孟名轲，战国人，跟孔老前辈并称"孔孟"，人称"亚圣"。孟子他们家是鲁国的破落贵族，后来搬到了邹国。他老爸叫激，老妈仉氏。孟子大概是中国古代最具现代精神气质的独立知识分子。他周游列国，到处为民请命、仗义执言，蔑视权贵、粪土王侯。后人说儒者"为天地立心，为生民立命，为往圣继绝学，为万世开太平"，这句话放在孟子身上是最贴切的。老孟的那句"养吾天地浩然之正气"让多少人热血沸腾啊！如果说孔子是"脉脉温情"的话，孟子就是"铮铮铁骨"。

孟子学说的核心是"性善论"，人之初，性本善，人人都有"不忍人之心"，都有"恻隐之心"。你要是没有恻隐之心，你就不算人。做人要不断地"存心养性"，自我修养，最终达到"养吾浩然之气"，也就是一身正气的境界。做人要讲"义"：我又想要鱼，又想要熊掌，两个不能同时要的时候，只能扔了鱼，留下熊掌。我又想要生命，又想要大义，两个不能同时要的时候，孟子说：舍生取义。这四个字真是掷地有声啊！

做人要有"恻隐之心"，要有"仁心"，治国就要有"仁政"。孟子是中国最早提出"民贵君轻"思想的，"民为贵，社稷次之，君为轻。"真是极具现代精神啊！

60. 庄 周

庄周

庄子其人

庄子（名周，字子休，约公元前 369～286 年），战国时期宋国蒙人，中国著名思想家、哲学家、文学家，道家学派的代表人物。庄子反对礼节，主张回归自然，具有辩证法思想。著有《庄子》。

那些悲喜

一

漆园里的路越走越窄，终于在一片漆树林里没了路。高固悻悻地探出马车，往四周看了看，除了几只惊飞的鸟，什么活物也没有，更别提庄周了。

找找吧，总归是在这片林子里的。这个庄周是出了名的难缠，不找出来怎么向楚王交代呢。接了这桩差事，真是肠子都悔青了。高固皱着眉看了看地上的烂泥，闭上眼睛硬着头皮踩了下去。

转过这片树林便是一个池塘。高固远远就看见池塘边坐着一个人，披着蓑衣，握着长长的鱼竿，脑袋左摇右晃，嘴里还在哼着什么。

"先生可曾见到庄周？"高固喊道。

"我就是！"

高固顾不得地上的烂稀泥，连忙跑过去又是赔笑又是作揖："先生乃世之贤人，楚王久闻先生大名，欲拜先生为相，请先生万勿推辞！"

庄周慢慢抬起鱼竿，往地上一插，捋了捋袖子，笑眯眯地说："你见过祭祀用的乌龟吧？那些乌龟被人抓起来，好吃好喝地养上几天，然后洗洗干绑起来，披上红绸子高高在上地被人供奉起来。你说，你要是乌龟的话，你是愿意被绑了供奉起来，还是愿意像原来一样自由自在地在烂泥地里打滚啊？"

"愿愿愿意自由自在……"高固小心翼翼地说。

"那不就结了！"庄周高兴起来，大声说："我也愿意做自由自在的乌龟嘛！"

二

庄周从漆园回家，见家里冷冷清清，很是奇怪，走进卧室，见夫人躺在床上脸色煞白，急忙奔坐到床前。夫人颤巍巍地伸手拉住庄周，含糊地说："怕是过不了这几天了。"庄周眼圈一红，胡乱地应着："没事的，没事的……"

惠施听说庄周死了夫人，急急忙忙赶来奔丧，到了蒙城，顾不上休息，径直往庄周家去了。惠施还没进门，就听见里面"咣咣当当"响个不停。"这又是作什么怪？"惠施一边想一边往里走，还没走两步，就看见庄周坐在院子里，拿着个破脸盆当当地敲，一边敲还一边唱。

"你这是干什么？嫂子大丧，你在这儿唱什么歌？"惠施瞪着眼睛问。庄周没理他，反而唱得更起劲，咿咿呀呀，越唱越响。

惠施一见庄周这副德行，顿时火冒三丈，一把抢下破脸盆，咣当扔到一边："嫂子辛辛苦苦跟了你大半辈子，现在人死了，你不哭就算了，还搞个破盆在这儿乱敲，还唱歌！你还有没有点儿良心！"

庄子眼睛盯着地面，愣了好一会儿，才幽幽地说："人啊，本来就是从'无'中来，在这世界上过上几十年，然后又回到'无'中去。人生的来来往往，就像春去秋来一样，是很自然的事情啊，有什么好难过的。"

惠施没说话，庄周鼻子一酸，急忙拿起脸盆，又敲起来。

生平和思想

庄子应该算是史上最迷人的哲学家了吧！他的文章汪洋恣肆、形象生动，他的思想率性自由、纵横捭阖，我想，每一个中国文人内心深处，都有一个庄子吧！

史书上对庄子他老人家的记载很少。《史记》上只用了几行字来讲庄子，说他姓庄名周，战国人，做过蒙城的漆园吏，楚威王派使者带重金聘他做国相，被他用一个乌龟的故事给打发了。庄子其实本来就是楚国的贵族，楚庄王的后代，后来因为战乱迁到了宋国蒙城。他一辈子生活困顿却鄙弃荣华富贵、权势名利，保持独立的人格，追求逍遥自在的精神自由。

庄子的思想里充满了相对主义和辩证思维。他认为什么事儿都是相对的、不确定的，比如说千里马对骑马赶路来说，是个宝贝，但是对于捉老鼠拿耗子来说，显然还不如一只野猫。所以说什么贵贱啊大小啊是非啊，都是假的，都是相对的，都得看你是从什么角度去看了。所以庄子说，如果从"道"的角度来看的话，万事万物归根到底都是一样的，没有什么区别。这就是庄子眼里的宇宙。

那么，在宇宙之中，人应该怎么生存呢？庄子说"独与天地精神相往来"，要顺应自然，回归自然。既然万事万物都是一样的，所谓的"区别"都是假象，所以做人要"无为"，什么也别做，保持自然而然的状态就行了，那才是真正的"逍遥"。

其实庄周的哲学是一种境界哲学，讲的是一种做人的境界。做人应当回归自我，做真正本真的自由的人，不要被异化，不要被那些外来的观念、名利所羁绊。这种对自然、对自由的追求实在是迷人。而事实上，有多少人在花花世界面前迷失自我，丧失了本真，丧失了自由而不自觉啊！

61. 公孙龙

公孙龙

公孙龙其人

公孙龙（字子秉，约公元前 320—前 250 年），战国时期赵国人，中国思想家、逻辑学家，在中国最早提出逻辑学问题，著有《公孙龙子》。

白马非马

（函谷关。关口贴一告示，众人围观。）

路人：（望着告示一字一顿地念）关东各地的马瘟互相传染，愈演愈烈，马死者十之七八。为防止马瘟传入秦国，所有马匹不得进入函谷关。

（公孙龙及弟子牵马经过。）

弟子：（急切地）先生啊，好像现在所有的马都不让过函谷关了啊！我们的马怎么办啊！

（公孙龙笑而不语，继续赶路。牵马行至城门前。）

士兵：（恶狠狠地）站住！

（公孙龙一行站住。弟子慌张。公孙龙淡定地直视前方。）

士兵：（打量着公孙龙，不耐烦地）没看见告示啊？所有马匹不许进城！

公孙龙：（转向士兵，慢悠悠地）我这个不是马，是白马。

士兵：（伸手推马，怒气冲冲地）废话！白马不也是马啊！少给我啰唆，滚蛋！

公孙龙：（戏谑地）那我叫公孙龙，难道我是龙吗？

（弟子哄笑。士兵一愣，后退一步。）

士兵：（尴尬地）按规定，不管是白马黑马，只要是马都不能进城。

公孙龙：小兄弟啊，"白"说的是颜色，"马"说的是形体，"白马"说的是颜色和形体的结合。明白吗？

（士兵不说话，瞪大眼睛一会儿看看马，一会儿看看公孙龙。）

公孙龙：所以你说"马"，我可以给你黄马黑马五花马，但是你说"白马"，我就不能给你黑马了吧？

士兵：（挠头，若有所思地）嗯……

公孙龙：所以说，"白马"和"马"能是一回事儿吗？白马不是马啊！

生平和思想

公孙龙是春秋时期赵国人，他一生大部分时间在平原君家做门客，给平原君出过不少主意。公孙龙是先秦诸子百家中"名家"的代表人物——"名家"可不是很有名的意思，按今天的话说，那就是一群玩逻辑学的，是中国最早的逻辑学家。这从"白马非马"的故事你就能看出来了。

公孙龙除了"白马非马"论之外，还有个著名论断，叫做"离坚白"。他说一块大石头，用眼睛看，是白的，用手摸，是坚硬的。经过他的一番推论，最后得出结论，像"白""坚硬"这些属性，是可以离开具体事物而独立存在的。就这么个意思。至于具体怎么推论的，我们就不在里面绕来绕去了，那是逻辑学研究的内容。

顺便说一句，一般来说，逻辑学、伦理学、宗教学、美学都被认为是哲学的分支。

62. 荀　况

荀子其人

荀况

　　荀子（名况，字卿，约公元前 313～前 238 年），战国末期赵国人，中国著名思想家、文学家、政治家，儒家学派代表人物之一。持"性恶论"，倡导"化性起伪"的伦理思想，著有《荀子》。

送　徒

　　荀况看了一眼眼前这片淡黄青绿的峰峦，苍山兰草在夕阳下绿葱葱黄幽幽，随着山峦河谷伸展得无边无际，只觉得幽幽的兰草清香弥漫开来，直沁入心脾，忍不住闭上了眼睛。

　　三任稷下学宫祭酒，论战无数，名满天下，那些往事在荀况看来，恍如隔世，完全像是另一个人的故事。自从隐居到这兰陵苍山之中，荀况一心传道授业，终日与弟子漫步于兰草深处，却也逍遥自在。

　　"老师……"一个弟子凑近了荀况，欲言又止。

　　"请他们来吧。"荀况睁开眼睛，叹息一声说。

　　不多会儿，两个年轻人背着包袱站在荀况面前。一个人穿着洗得发白的长袍和簇新的草鞋，衣衫严整，器宇轩昂；另一个人胡乱披着名贵的彩色袍子，衣服皱巴巴地吊在身上，头发潦草地束着，长靴上满是污泥。穿白袍的是李斯，穿彩袍的便是韩非。

　　"弟子即将出山，请我师箴言教诲。"二人神情肃然地向荀况鞠一躬，恭恭敬敬地说。

　　"你二人记住，人性天生是恶，做人要克制人性之恶，时时为善，日日修习，方能为圣。你二人此去后，当以天下为己任，隆礼重法、强国裕民，才不枉此生啊！"

"弟子谨记！"李斯韩非朗声说道。二人与恩师饮下兰陵美酒，便背上包袱下山去了。

荀况抬眼望着天边的晚霞幻化无常，一股莫名的悲悯之气涌上心头，便回头对弟子陈嚣说："抬我琴来，人生终须一别，老夫为歌一曲，为我徒儿壮行！"

夕阳下，苍山之中回荡起悲壮的楚风格调：

河有中流兮天有砥柱

我有英才兮堪居四方

天行有常兮，不为尧存，不为桀亡

地载有方兮，不为冬雪，不为秋霜

列星随旋兮，日月递

四时代谢兮，大化阴阳

人道修远兮，唯圣贤不求知天

天不为人之恶寒兮

地不为人之辽远

君子之道以常兮，望时而待，孰制天命而用之

呜呼——

我才远行兮，天地何殇

吾心悠悠兮，念之久常

……

生平和思想

荀子姓荀名况字卿，战国末期人。大部分人认为他是儒家的代表人物之一，不过实际上他的学说跟法家也很接近。

荀子出生的赵国大概在今天的河北一带，战国时候那里还属于北方蛮荒之地。他年轻的时候离开老家去齐国的稷下学宫求学。稷下学

宫是当时最大最著名的学宫，名士云集，随便扔个砖头，砸到的肯定是大师。基本上就相当于今天的清华北大同济复旦再加上中科院社科院。荀子一生特立独行，学识渊博能言善辩，在稷下学宫论战无数，打败天下无敌手。不过树大招风，所以荀子被挤出稷下学宫，然后又回来，往往复复好几次，光稷下学宫的头头"祭酒"这个职务就做了三次。荀子锋芒太露，"一口骂尽天下"，所以虽然是名满天下，却是孤家寡人。他离开稷下学宫后从赵国到秦国，从秦国到楚国，兜兜转转四处漂泊，这倒是继承了儒家学派的光荣传统——周游列国。最后荀老先生在老朋友的帮助下，寻了块风水宝地：楚国兰陵，在那儿做起了县令，办起了苍山学馆，从此专心传道授业，了此一生。他的弟子里面人才辈出，最著名的两个，一个李斯，一个韩非。儒家老前辈教出了法家老先生，可见天下读书人是一家啊。

　　荀子对道家墨家名家阴阳家全都批了个遍，然后提出自己的学说。他最著名的一句话是"天行有常，不为尧存，不为桀亡"。这个世界有它自己的规律，不是你烧烧香磕磕头就能改变的，我们应该认识规律、顺应规律、利用规律。真可以算是马克思老爷爷的古代知音啊。

　　其实荀子思想里最核心的部分是"性恶论"。人之初是性本善还是性本恶，历来争论很多。孟子说性本善，荀子说性本恶。荀子说我们生下来天性是恶的，有很多的本能欲望，要争要抢，抢馒头抢老婆抢地盘儿。如果任由这么"恶"下去的话，人就跟动物没区别啦，人要"化性起伪"，要"伪"，要善。"伪"在荀子那里可不是假冒伪劣产品的那个"伪"，相反，它还是个褒义词。你看，"伪"字，一个单人旁，一个"为"，很显然，它的本义是"人为"。人生下来天性是恶的，所以要经过后天的"人为"，使人变善。人生下来都是一样的，但是你要努力地克制本能欲望，不断地为善，你就可以变成圣人啦。

　　在这个"性恶论"的基础上，荀子提出了自己的治国主张：重视礼法。这就跟法家很像了吧。后面我们就要来说说法家。

63. 韩 非

韩非其人

韩非

　　韩非（又称韩非子，约公元前 280～前 233 年），战国时期韩国人，中国著名思想家，法家学派的代表人物。认为人性无所谓善恶，主张以法术治理国家。著有《韩非子》。

天才之死

　　嬴政瞪大眼睛急急地扫视手里的竹简，看完一遍忙又翻回去从头再看，弄得竹简哗哗一阵响。大殿上静极了，除了竹简的哗哗声，竟是没有一个人敢说话。几个侍从眼巴巴地站着，见嬴政双目圆瞪、两眼放光，猜不出他是愤怒还是兴奋，吓得谁也不敢动一下。

　　"我要是能见一见此人，死也瞑目了！"嬴政突然把竹简一扔，高声喊道。几个侍从吓了一跳，嘴里含糊地小声应道："是，是……"

　　嬴政霍地站起来，目光炯炯地望着殿外，过了好一会儿才从牙缝里挤出两个字："伐韩。"

　　这是一场只为一个人而发动的战争，而嬴政无疑已经达到了目的：韩非使秦。

　　那天早上，殿前侍从吃惊地看见，嬴政站在大殿之外伸长脖子望了好久，见有一人徐徐而来，赶忙疾步向前，恭恭敬敬地鞠一躬，拱手作揖道："先生来矣！"然后一把抓住来人的手往大殿上走。

　　整整一天，从旭日初升一直到夕阳西下，在这大殿之上，秦王嬴政和韩国公子韩非纵论天下、谋划未来，这两个充满智慧与雄心的人像孩子一样的兴奋，就连一向口吃的韩非也变得神采奕奕、口齿流畅。

嬴政太兴奋了，那些平时苦苦思索的定国安邦之策经韩非一说，豁然开朗；韩非太兴奋了，多年著述无人问津，今天却被一位雄才大略的君主引为知己，将以韩非之学扫平天下。

"扫平天下，当先灭韩。"嬴政突然止住笑，盯着韩非一字一顿地说。

韩非愣住了。是啊，扫平天下，当然是要灭韩的。一边是日思夜想的理想抱负，一边是魂牵梦萦的美丽家园，韩非陷入了长久的沉默。

"韩非确实是人才，但他是韩国贵族，终归是敌人，留下迟早是祸害。"李斯不是一个婆婆妈妈的人，任何敢于阻挡他飞黄腾达的人都将被他逐一消灭，即便是自己的同窗好友。

"赐毒。"嬴政不是一个婆婆妈妈的人，一切阻挡他统一天下的人都将被他的滚滚车轮碾碎。

李斯领了命，立刻带人往韩非住所去了。

嬴政颓然地跌坐在席子上，随手又拿起那卷翻了无数遍的竹简：世异则事异，事异则备变……

"慢着！"嬴政猛地站起来，对着殿前大声喊道。

"韩非已服毒而亡。"李斯正好进得殿来，慢悠悠地说。

几个月后，韩王请为秦王属臣，韩国灭。

生平和思想

韩非子是战国末年韩国的公子，法家的代表人物。他和李斯都曾经在兰陵师从荀子。韩非子从小有个毛病，就是口吃，所以他不可能跟他的老师一样到处同人论战，只能靠笔头子吃饭，专心写书，写下洋洋十万余言，收在《韩非子》里面。古时候没有纸张，字都是刻在竹简木牍上的，所以对古人来说，洋洋十万余言，那是相当可观了，竹简得堆成山了。

韩非辞别荀子出山以后，有感于韩国腐败凋敝，写了很多文章劝诫韩王，希望韩王能实行他的法家思想，重新振兴韩国。不过韩王压根儿没理韩非，估计那些文章他看都没看。郁闷中的韩非只能继续发奋著书，希望有一天能被韩王采纳。而这个时候秦王嬴政看到韩非子的文章，大加赞赏，不惜攻打韩国，只为了能得到韩非。韩非到了秦国以后的事儿，历史上就有争议了。有的说是韩非作为韩国贵族，不愿意效忠秦王，有的说他的老同学李斯等人嫉妒韩非，设计陷害，反正最终的结果是韩非死在秦国。据说是嬴政后来又后悔，要去救韩非，但是已经晚了，韩非已经被毒死。总之韩非之死绝对是个悲剧。

韩非子的学说主要是为君王统治服务的。他老师荀子认为人性本恶，韩非认为人性无所谓善恶，君主只要好好利用人性就行了。人性不是趋利避害吗，那君主就要靠赏罚来控制。韩非认为那些祖宗的法度都是要随着时代的变化而变化的，不能一成不变，所以要变法。

64. 董仲舒

董仲舒其人

董仲舒

董仲舒（公元前179～104年），西汉广川郡人，中国思想家、哲学家、政治家、教育家。董仲舒以儒家思想为基础，构建了"天人感应"的神学体系。著有《春秋繁露》等。

求雨闹剧

已经三个月了，江都城方圆百里的地面儿上一滴雨都没下。江都王刘非愁眉苦脸地望着干巴巴硬邦邦的农田，不住地唉声叹气。远处几个骨瘦如柴的老农有气无力地靠着半棵枯树呆坐着。再这样旱下去，怕是江都境内死人要比活人多了。

"看样子得求雨了。"

"废话！"刘非骂了一声，回头见说话的人是江都国相董仲舒，只好压住怒火，没好气地问："谁会求雨？"

"我会。"董仲舒慢悠悠地说。

七月十五这一天，汲燕早早就起了床，刚刚匆忙抹了把脸，就听见房门咚咚咚被锤得震天响："快点了，快点了！"

汲燕走到床边，使劲推了推鼾声如雷的男人："我要去了啊！"

男人擦了擦嘴角的口水，盯着汲燕愣了一会儿，突然说："真要去啊！他们疯了吧！"

"都已经来敲过门啦！"汲燕苦笑地指了指门口。

"躲起来躲起来，等晚上再出来！"男人笑嘻嘻地说。

"死鬼，不怕被杀头啊！"汲燕突然脸红起来，捶着她男人说道。

汲燕走到街上的时候已经到处是人了：从三五岁的小姑娘到六七十的老妇人，一水儿的女人。穿锦衣玉缎的，穿粗布草鞋的，你挤我我挤你地站着，叽叽喳喳吵得人头晕。

远处几个衙役高声喊几句什么，人群忽然骚动起来。前面的女人开始跑起来，一边跑一边胡乱叫嚷。"这就开始了么？"汲燕问边上的人。

"开始了，你只要一边跑一边叫就成。"

于是汲燕她们也开始跑起来，同时嘴里咿咿呀呀地叫着。跑的本来并没有个固定的方向，人又多，互相挤着撞着，到处有人喊"哎哟，踩着脚啦"。汲燕被撞了几下，头发披散开来，她不敢停，还是叫着跳着，像个疯婆子。

晌午的时候，太阳更毒了。大家跑得筋疲力尽，咿呀乱叫也变成了哼哼唧唧。胆大的女人都自己找了地方坐下来休息，汲燕也找了块大石头坐下来，一边喘气一边问边上的人："你们说，这样跑跑叫叫，就能求雨了？"

"都是那董老儿想的馊主意。"一个官太太模样的人说道："他说干旱是阳气太重，所以要男人全躲起来，让女人在街上乱跑乱叫，聚点儿阴气。"

"那那那晚上干吗还要干那个……"汲燕红着脸问。江都王府发了命令，要江都所有夫妇七月十五的晚上必须云雨一番，共行周公之礼。

"聚了阴气再阴阳调和呗！"

这天晚上，江都城家家户户都早早熄了灯……

生平和思想

全城云雨，董仲舒居然能想出这么浪漫的点子，真是佩服。不过要靠这个来求雨，实在是太扯了点儿。

我们来看看董仲舒这个人吧。董老先生是西汉人，生在文景之治和汉武大帝时期，算是见证了汉朝最繁盛的时候了。董仲舒当年算是儒学大家，被汉景帝任命为博士。不过汉朝初年的主流思想是主张清静无为的道家学说，儒家是提不上台面的。于是董先生等呀等，终于等到光耀千古的汉武大帝上台。雄心勃勃的少年天子汉武帝向全国人民征集治国安邦之策，于是有了董仲舒的"天人三策"，又于是董老前辈一朝成名，从此光耀儒学。后来董仲舒先后做了江都易王刘非和胶西王刘端的国相，晚年自己在家里面教徒弟写写书，不亦乐乎。

说到授徒，董先生尽显大腕儿本色。他老人家在屋子里挂一帘子，自己在帘子里讲，弟子只能在帘子外面听，搞得跟某某太后似的。那些能在帘子外面听的弟子还算是享受了 VIP 待遇，更多的弟子根本没资格听董老上课，只能听董老师的得意门生授课。就这样，也是弟子云集，可见董爷的腕儿有多大啊。

我一直很不喜欢董仲舒这个人，他实在没有多少有价值的思想，只不过是把儒家思想打扮成比较受皇帝们喜欢的样子而已。董仲舒构建了一个"天人感应"的神学体系，告诉人们，人在做天在看，你可别乱来。皇帝那就是天的儿子，天不变道亦不变，你别整天惦记着造反，要乖乖地听，不然违背了天意，可是要天打雷劈的。在这些思想的基础上，董先生根据自己的需要，对《春秋》之类的儒家典籍随意解释，形成了一整套思想，这一套思想后来禁锢了中国人的思想长达数千年，一直到今天。

董仲舒还神神叨叨地搞封建迷信活动，热衷于算命啊求雨啊这些事儿，自以为自己真的能天人感应，感知天意，这才有了上面那场求雨的闹剧。

65. 王 充

王充其人

王充

王充（字仲任，约公元 27～97 年），东汉会稽上虞人，中国思想家、教育家，主张唯物主义无神论，代表作为《论衡》。

见 鬼

旧历的七月十五是鬼节，传说中这一天百鬼出动，四处游荡，人们也会在这一天祭祀亡者，祈求平安。

王充向来是不信这些东西的，他吃完晚饭早早解了衣裳，上床睡觉去了。王充有早睡早起的习惯，往常这时候他已经沉沉睡去，今天去总觉得心下有些不安，在床上翻来覆去睡不着。窗外的月光惨白惨白，照在屋子里出奇地亮。王充躺了一会儿，实在毫无睡意，只好披上衣服，往街上去了。

平日里洛阳城尽管热闹非凡，一到晚上却是静悄悄没什么人气。今天却不一样，路上每走几步就有一个火堆，三五个人围在一起，一边往火里扔黄纸，一边念叨着"保佑"之类的话，摇曳的火光映在人的脸上，却也显出几分诡异。

王充摇着头从火堆之间穿过，漫无目的在街上游荡，不知不觉走到了常去的书店门口。长长的一条街上所有的店面都关紧了大门，唯独这家书店门口挑着红红的灯笼，里面掌着油灯。

"真是奇怪。"王充自言自语地迈进店里，眼睛却盯着那些竹简挪不开了。王充爱书在太学里是出了名的，但是就凭他那点儿家底，任什么书也是买不起的。不过王充自然有自己的办法：需要什么书，他就径去书店里翻。王充就有这样的本事，不管什么书，站着看一遍就能倒背如流。

王充找了一卷《公羊春秋》，凑近油灯看了起来，也不知过了多久，等他再抬起头来的时候，发现这书店的四壁排满了竹简，却——没有了门！王充一惊，急忙跑到原应该是门的地方，摸索了半响却只是一堵墙。正在惊慌的时候，油灯忽然暗了下去，紧接着屋顶上发出嗡嗡的声音。王充下意识地缩到墙角，战战兢兢地抬头望。

"啊！"王充只觉得头皮一炸，失声惊叫起来。

屋顶上，是一张硕大的脸，一张惨白的、露着诡异微笑的脸！那脸盯着王充看了一会儿，慢慢地从屋顶上降下来，一点一点地凑近，王充可以清楚地看见，看见那双眼睛里，没有瞳孔！

"啊——"王充又惊叫起来。

"啊——"王充惊叫一声，猛地从床上坐起，惊恐地望着窗外的月光，头皮一阵一阵的发麻，浑身冰冷。

"终归是个梦啊！世上哪来的鬼神！"王充愣了一会儿，自己笑起来。

屋顶上突然响起嗡嗡的声音……

生平和思想

王充是东汉著名的思想家，祖上也算是大贵族了。后来他家族里出了个名人：王莽。后来，就没有后来了。王莽篡汉，刘秀又灭了王莽，这王氏家族自然也就没落了。等到王充出世的时候，家里已经是一贫如洗。不过王充倒是很用功，年轻的时候入了太学，博览群书，学有所成。不过他仕途却是不太顺当，先后做了几任小官，处处受人排挤，最后索性闭门著书，写出了《论衡》。

还记不记得董仲舒？董老先生改造了儒学，还往里加了很多神神叨叨的鬼神迷信，从那以后，两汉的鬼神迷信愈演愈烈，这时候王充可看不惯了。王充是中国古代第一个无神论者。他说哪有什么鬼啊神的，万事万物都是"气"构成的，宇宙就是一个客观的自然系统。所以没什么超自然力量，那些鬼啊神的都是人杜撰出来的。

66. 嵇 康

嵇康其人

嵇康

嵇康（字叔夜，公元224～263年），三国时期魏国人，中国思想家、文学家、音乐家，魏晋玄学的代表人物之一。反对礼教，主张回归自然。后人编有《嵇康集校注》。

铁匠嵇康

"哎嘿！"嵇康吆喝了一声，抡起一柄大铁锤，举过头顶，然后狠狠地砸下来。烧得通红的铁块在铁锤的撞击下火星四溅。

嵇康给人打铁向来是不收钱的，要是你提些酒菜来他倒是会很高兴。邻人经常能看见铁匠嵇康叮叮当当打过一阵，就赤着满是肌肉的上身，跟来人对饮起来，喝得高兴了还会吼上一嗓子，吓得隔壁家的娃儿哇哇直哭。

向秀来看老朋友的时候从来不多话。他径直走到嵇康对面，扒下衣服扔在地上，捡起一柄铁锤掂了掂，猛地抡起来。于是铁匠铺子里的声音便欢快起来，叮叮，叮叮，像是一唱一和，自得其乐。

晌午的时候，远远地传来轰轰声。没多一会儿，从洛阳方向驶来一支华贵的车队，那车上涂着鲜艳的油彩，五颜六色的旗子呼啦啦地响。村里人哪见过这样的场面，一个叫一个的，抱着孩子都跑到街上来看热闹。车队在铁匠铺门口停了下来，侍从们一挑帘子，从车上下来一个穿着华服的年轻人。嵇康抬头望了一眼，是钟会。当铁匠嵇康还是大文人大名士的时候，钟会就战战兢兢地想师从于他，不过嵇康从来没理会过。如今这钟会大概是发达了，率着浩浩荡荡的车队来拜访嵇康。

嵇康没理他，抡起铁锤又打了一下，抬头对向秀说："帮我拉一拉风箱。"于是这铁匠铺子里，一个人打铁，一个人拉风箱，旁若无人，自得其乐。

钟会通红着脸傻站了一会，突然一甩衣袖，咬着牙喊道："我们走！"

车队轰隆隆地走远了，村子里安静下来，只有铁匠铺里还兀自响着声音：叮，叮，叮……

绝　唱

嵇康披着枷锁，被一群兵丁推搡着押到刑场。刑场周围聚集了3000太学生，高声叫嚷着要司马昭放人。监刑的钟会皱着眉看了看远处的太学生，没有理会，继续跟身边的人说笑起来。

嵇康有点感动。他嵇康视名教礼法为粪土，一生孤傲狂放，放达于竹林之间，没想到临死的时候还能有这么多人为自己请愿。

"行刑的时间还早，我来弹一曲吧。把我的琴拿来。"嵇康慢悠悠地说。他想起多年前那个雨夜，一个黑衣的神秘人把一曲《广陵散》传授给他，嘱咐他永远不能教给别人，然后眨眼间就消失了。"那一定是神仙之类的吧！"嵇康后来经常想。不过他一直遵照神秘人的嘱咐，从来不曾把曲子传授给别人……尽管很多人千方百计地想要学了去。

琴已经摆好，嵇康手抚琴弦，一曲《广陵散》便从琴里流淌出来。刚才还闹哄哄的行刑广场顿时安静了下来。天籁一样的声音轻飘飘地弥漫开来，在空中飞舞、打圈，然后飘向更远的地方。嵇康仿佛又看见了那片竹林，看见了自己在竹林里酣畅地饮酒、肆意地痛哭、疯狂地大笑，看见自己渐渐与这周遭的万物融为了一体，在天地间遨游。

"嘣"，琴弦突然断了，天籁一样的琴声戛然而止。广场上的人渐渐从迷醉中回过神来，心里却都空落落的有些莫名的失落。

"《广陵散》于今绝矣！"嵇康高声喊道。

公元263年夏天，39岁的嵇康从容赴死，《广陵散》终成绝唱。

生平和思想

嵇康是三国末期魏国人，算是个贵族。此人相貌堂堂，是个远近闻名的大帅哥，他的死党山涛用两句极有文采的话来形容嵇康相貌，说他"嵇叔夜之为人也，岩岩若孤松之独立；其醉也，傀俄若玉山之将崩"。魏晋时代的男人比较崇尚阴柔之美，用现在的话说就是"娘化"。男人们都涂脂抹粉，粉底眼影腮红唇膏什么的一股脑儿往脸上抹，这还不算，身上还得挂香囊、戴首饰，整个人香喷喷娇滴滴，安能辨我是雄雌。据说当年一代帝王曹丕先生骑马出巡，由于身上香囊太香，把马给弄晕了，一口咬向曹丕的腿，曹皇帝一怒之下把马给杀了——马多无辜啊！当然啦，这种不男不女的风气只在一般男人中流行，而我们的主人翁嵇康可不吃这一套。史书上说嵇康"土木形骸，不自藻饰"，意思就是说他从来不修边幅、放浪形骸。对嘛，这才叫男人嘛。

嵇康此人自由懒散、狂放旷达，鄙视权贵、隐于竹林，没事就喝喝酒打打铁。他在诗文、书画、琴乐、玄学上都是一把好手，典型的一代才子。

"魏晋风度"，这个词光是想想，就让人无比神往啊！嵇康只是魏晋名士的一个代表，从正始玄音的何晏王弼开始，到竹林七贤的阮籍嵇康，再到郭象裴頠，那是一长串的名字，那是一长串的风流。

我想"竹林七贤"算是魏晋之风最典型的代表吧。他们以老庄哲学为基础，认为万事万物都是一体的，世俗社会的一切都是相对的，那些名教礼法都是没什么意义的。所以他们提出"越名教而任自然"，反对社会的条条框框，而要追求一种自由自在、与自然一体的境界。用我们今天的话说，就是反对异化，追求本真的自我。阮籍嵇康们可不仅仅是口头说说，他们始终以自己的行动来实践这些思想，所以后世流传着很多魏晋名士放浪形骸、特立独行的有趣故事。这些故事对后世的影响是非常深远的。后人说"魏晋人物晚唐诗"，满怀了对魏晋人物的向往。魏晋风度，是后世中国文人的一个解不开的梦啊。

67. 慧 能

慧能其人

慧能

慧能（又作惠能，佛教称六祖慧能、慧能大师，俗姓卢，公元 638～713 年），唐代河北燕山人，中国佛教思想家，禅宗思想的代表人物之一。主张抛弃杂念、回归本性。著有《坛经》（又名《六祖坛经》）。

夜受佛法

扫地僧慧能像往常一样，早早便起了床，细细地把三座大殿打扫干净，就扛着扫帚往后院里来，却听见后院闹哄哄的，像是有不少的人。慧能望了一下，见有许多人围着一面墙叽叽喳喳指手画脚地议论。

"阿弥陀佛……"慧能念叨了一句，却并没有理会那些人，放下扫帚又开始扫起来。等扫到那群人边上的时候，慧能听见有人在高声喊："好诗好诗，佛法立现！"一听见这话，慧能忍不住了，直起腰来伸长脖子，看见墙上题了一首诗。

"这墙上写的什么？"慧能并不识字，只好推了推前面的小僧问道。

"首座弟子神秀题的，身是菩提树，心如明镜台，时时勤拂拭，勿使惹尘埃。"小僧念了一遍。

"勿使惹尘埃……哦哦……"慧能跟着念了一遍，若有所思点点头，正要走的时候，瞥见弘忍法师站在远处面无表情地望着人群。

傍晚的时候，慧能连拉带拽把一个小僧拖到墙前："来来，我来念，你来写。"

"你一个扫地僧，能有什么悟性，敢和神秀师兄并列！"小僧嘟嘟嚷嚷，一脸的不情愿。

"自性即佛、无念为宗，人人只要回归本性，没有邪念，自然能有佛性，怎么我就不行？"慧能急匆匆地说："快快帮我写吧，要是我识字的话，也不用麻烦你了。"

于是小僧在墙上写道：

菩提本无树，

明镜亦非台；

本来无一物，

何处惹尘埃。

慧能退后一步，眯着眼睛对着墙看了一遍，正要走时，又见弘忍法师站在远处，便转过身去，双手合十对着法师行礼。弘忍法师并没有还礼，只是伸出三根手指比划了一下，转身便走。

"咚咚咚"巡夜的敲了三声，慧能一个激灵，蹑手蹑脚地爬了起来，穿好衣服，推门出去了。

夜里的山风很是刺骨，慧能弓着腰抱着膀子不住地抖着，哆哆嗦嗦走到弘忍法师的门前，徘徊了一会儿，终于伸手敲门。

"半夜三更找我何事？"弘忍法师闭着眼睛在床上打坐。

"傍晚时候法师向我伸出三根手指，当是唤徒儿三更之时前来拜会。"慧能朗声应道。

弘忍没有理会，只脱下袈裟，将油灯遮住，然后开讲《金刚经》，讲完时天已蒙蒙亮。慧能大悟。

"老衲年事已高，如今你已悟彻佛法大意，我将衣法传授于你，你即是我禅宗第六代祖师。你身份低微，寺里众僧若知道你得了衣法定然不服，要加害于你。老衲现在就护送你渡江南下。"

长江之畔，禅宗六祖慧能跪别五祖弘忍，渡江而去。

生平和思想

慧能当然不姓慧，他老爸姓卢，本来是河北一带人，后来被流放到岭南，很早就去世了，所以慧能从小跟妈妈一起生活，靠卖柴为生。有一次慧能卖完柴回家，路上听见有人念《金刚经》，突然有所领悟，就跑到黄梅双峰山做了和尚。"慧能"这个名字，也有写做"惠能"的，到底哪一个是对的，今天已经很难知道了——实际上慧能自己可能也搞不清楚，因为他压根儿不识字。不识字的人一样能成为哲学家，可见在哲学里，"体悟"比"知识"重要得多。

慧能继承了禅宗五祖弘忍的衣钵，渡江南去，开创了禅宗"南宗"，主张"顿悟"，而他的竞争对手神秀不承认慧能，自己建立了禅宗"北宗"，主张"渐悟"。慧能渡江南去以后，到各地讲法，其中最著名的一段经历是关于"风动幡动"的故事。幡就是寺庙门口像旗子一样的东西。说有一次，慧能到一个庙门口，看俩和尚在辩论，一个和尚说，看，幡在动；另一个和尚说，不不不，是风在动。这时候慧能跑来笑眯眯地说，"不是幡动，亦非风动，仁者心动。"慧能真是有大智慧啊，外界的纷纷扰扰都是浮云，我们应当反观内心，内心淡定，世界自然安宁。

禅宗在佛教里绝对算个异类。相传当年释迦牟尼坐在灵山之上要给众弟子讲解佛法，可是弟子们等了半天，释迦牟尼却一句话不说，只轻轻伸出手拈了一枝花。所有人都莫名其妙，只有弟子摩柯迦叶会心一笑。这就是"拈花微笑"的由来。释迦牟尼见摩柯迦叶跟自己心有灵犀，就跟他说，我有一种佛法，非常微妙，不立文字，教外别传，现在传授给你。这就是禅宗的起源。当然了，宗教上的事儿，真真假假，现在没人搞得清楚到底有没有这事儿。

不过禅宗和佛教的很多其他宗派一样，真正的光大是在中国，其中最著名的人物就是六祖慧能。禅宗其实是一个很有中国特色的宗派，实际上它和老庄哲学一样，没有严密的推理论证，讲究的是一个境界，是要"悟"的。

禅宗几乎没有什么自己的文字经典，也没有什么复杂的清规戒律，它讲究的是"自性成佛、无念为宗、顿悟成佛"。禅宗认为人人天性里面都是有佛性的，只要你抛弃后天的杂念，抛开执著妄念，回归本性，就能顿悟，就能成佛。所以禅宗追求的是一种"无念"的境界，没有杂念，没有后天的成见，心无挂碍，一切顺其自然——你看看，颇有老庄之风啊。当然，禅宗和道家的区别还是有很多的，那不是今天要讨论的内容。

因为禅宗认为每个人本来就有佛性，要靠顿悟来开悟，所以它有一个很有意思的办法来引导人开悟：讲故事——佛教叫"公案"。这种禅宗公案非常多，我来给你讲几个：

一

两位禅者走在一条泥泞的道路。走到一处浅滩时，看见一位美丽的少女在那里踯躅不前。由于她穿着丝绸的罗裙，使她无法跨步走过浅滩。

"来吧！小姑娘，我背你过去。"师兄说罢，把少女背了起来。

过了浅滩，他把小姑娘放下，然后和师弟继续前进。

师弟跟在师兄后面，一路上心里不悦，但他默不作声。晚上，住到寺院里后，他忍不住了，对师兄说："我们出家人要守戒律，不能亲近女色，你今天为什么要背那个女人过河呢？"

"呀！你说的是那个女人呀！我早就把她放下了，你到现在还挂在心上？"

二

唐代时，有参学禅法的僧人不远千里，来到河北赵州观音院（今柏林禅寺）。早饭后，他来到赵州禅师身前，向他请教，"禅师，我刚刚开始寺院生活，请您指导我什么是禅？"

赵州问："你吃粥了吗？"

僧人答："吃粥了。"

赵州说："那就洗钵去吧！"

在赵州禅师话语之中，这位僧人有所省悟。

赵州的"洗钵去"，指示参禅者要用心体会禅法的奥妙处，必须不离日常生活。这些日常的喝茶吃饭，与禅宗的精神没有丝毫的背离。

三

道一12岁时到南岳衡山，拜怀让禅师为师，出家当了和尚。

一天，怀让禅师看道一整天呆呆地坐在那里参禅，于是便见机施教，问："你整天在这里坐禅，图个什么？"

道一说："我想成佛。"

怀让禅师拿起一块砖，在道一附近的石头上磨了起来。

道一被这种噪音吵得不能入静，就问："师父，您磨砖作什么呀？"

怀让禅师："我磨砖作镜子啊。"

道一："磨砖怎么能作镜子呢？"

怀让禅师："磨砖不能作镜子，那么坐禅又怎么能成佛呢？"

道一："那要怎么样才能成佛呢？"

怀让禅师："这道理就好比有人驾车，如果车子不走了，你是打车呢？还是打牛！"

道一沉默，没有回答。

怀让禅师又说："你是学坐禅，还是学坐佛？如果学坐禅，禅并不在于坐卧。如果是学坐佛，佛并没有一定的形状。对于变化不定的事物不应该有所取舍，你如果学坐佛，就是扼杀了佛，如果你执著于坐相，就是背道而行。"

道一听了怀让禅师的教诲，如饮醍醐，通身舒畅。

禅宗的公案故事还有很多，有兴趣的话可以找来看看，非常有意思。禅宗里满是人生智慧啊，有时候我们也应该有点儿禅心吧，没必要总是执迷，没必要总是执著。

68. 张 载

张载其人

张载

张载（1020 ～ 1078 年），北宋横渠人，中国哲学家、思想家，理学的创始人之一。主张万物的本源是"气"，著有《正蒙》等。

弃武从文

"西夏人年年来侵扰，占我土地，抢我百姓，我们却只能送去货物银两来求得和平，这算是什么？乌龟战略？"

"那又能怎样呢？"范仲淹捋着胡子，饶有兴趣地瞧着眼前这个英气逼人的年轻人。

"打！"张载咬着牙吐出一个字。

"兵少将寡，又没什么钱，你让我怎么打？"

张载微微一笑，眼里闪过一丝狡黠。他早就料到范仲淹会这么说，突然腾地站起来，扑通一下跪倒在地，大声说："我张载少习兵法，只愿以身报国。只求大人许可，我将在乡里组织民团，收复洮西失地！"

范仲淹怔怔地看着张载发光的眼睛，他仿佛从这眼睛里看见了当年的自己：一样的意气风发，一样的激情飞扬。范仲淹愣了好一会儿，才凑过身去，和蔼地说："打仗是要死人的……你不怕死吗？"

"万物不过是由'气'变化而成，死了也不过就是回归到'气'那里去，有什么怕的！大丈夫当为天地立心，为生民立命，死又怕什么？"最后一句张载几乎是喊出来的。他稚嫩的肩膀因为激动而不住地颤抖。

范仲淹沉吟了片刻，站起来走到张载身边，慢慢扶起这个整整比自己小 31 岁的年轻人，轻声地说："大丈夫更须为往圣继绝学，为万世开太平。西北战事妨碍不了大局，你志趣不凡，应当潜心学习儒家经典，将来一定能成大器，不要把时间浪费在军事上。”

“为往圣继绝学，为万世开太平……”张载低着头若有所思。

生平和思想

我想我得澄清一下，其实“为天地立心，为生民立命，为往圣继绝学，为万世开太平”这四句话都是张载所说的，跟范仲淹没什么关系，上面的故事是经过演绎的。这四句话非常有名，道出了儒家学人的胸襟情怀。这四句有个名称，叫“横渠四句”。为什么“横渠”呢？因为张载是横渠镇人，人称横渠先生，也有叫他张横渠的，所以他的这个名言自然也就叫做“横渠四句”了。

张载祖籍是开封的，因为老爸在四川做知州，所以他们一家本来住在四川。过了些年老爸去世，于是他跟母亲准备把父亲的灵柩运回开封安葬。不过等走到横渠这个地方的时候，发现钱用光了，前面又在打仗，实在没法走了，只好就地埋了父亲，一家人从此就在横渠安了家。

张载年轻时候喜欢看兵书，立志要组织民团跟西夏人拼命，还好被当时负责西北防务的范仲淹阻止了，范仲淹劝他研究儒学，从此成就了一代大儒。张载后来中了进士，当了些官儿，后来因为他弟弟反对王安石变法被贬，张载自己也受到牵连，于是干脆辞职回家了事。

张载回了老家之后就开了个横渠书院，研究研究学问，教教学生，倒也很自在。除了读书授徒之外，张载还搞乌托邦实验，他在老家买了些地，按照古代井田制的思想，把土地分成公田和私田，公田大家一起种，私田就分给穷苦农民。

张载晚年的时候，皇帝又想起他来，召他进京做官。张载本来就身体不好，加上在工作岗位上没有处理好与同事的关系，没多久就辞职了，最后在辞职回老家的路上就去世了。

张载是程颢、程颐的表叔，是宋明理学中“气学”的代表人物。他把道家佛家批判了个遍，然后把儒释道三家结合起来，形成自己的思想。他认为天地万物的本源是“气”，“气”聚合的时候就形成万物，分散的时候就是“太虚”。所以“有”也好，“无”也好，万事万物也好，归根到底都是“气”在作怪。

69. 程 颐

程颐其人

程颐

程颐（字正叔，1033 ～ 1107 年），北宋洛阳伊川人，中国思想家、哲学家、教育家，宋明理学的代表人物之一，与程颢合称"二程"。认为"天理"至高无上，创生万物。后人编有《二程集》《二程全书》。

程门立雪

"万事万物归根结蒂都离不开一个'理'字吧。"程颐一面想着，一面打开对着院子的屋门，顿时一阵凉风呜呜袭来。程颐深吸了一口气，原本混沌的脑子清爽了很多。他搬过一块蒲垫放在门里，然后盘着腿坐了上去。

这些年程颐不知道从哪儿学来了打坐的习惯，闭着眼端坐冥思，有的时候还真的能灵光乍现。

杨时来的时候天已经阴沉沉的了，野地里起了风，光秃秃的树枝被吹得咔咔直响。他吐出一口白气，裹紧衣服，在地上狠狠跺了两脚，抬腿进了小院。

杨时一进小院就愣住了，他的老师程颐正闭着眼在屋子里打坐，身体一动不动，眼球却在眼皮底下咕溜溜直转，估计这会儿正想着什么事儿起劲呢。杨时没敢打扰，抬头往四周望了望，家里没有其他人，只好继续站在屋门口等着。

没过一会儿开始下雪了。先是三三两两的小雪片，落在地上就化了。渐渐地雪越来越密，越下越多，地上已经是厚厚一层。杨时没敢动，站在原地拍拍衣服，眼巴巴地望着程颐。

程颐觉得外面白得刺眼，睁开眼一看，到处已经是白茫茫一片，院子中间还立着一个白白的人，不禁吓了一跳，仔细看时，却是杨时站在一尺多深的雪里，也不知待了多久，浑身落满了雪。

生平和思想

一般程颐是和他哥哥程颢放在一起说的，两个人学术思想差不多，并称二程。二程是俩亲兄弟，原籍洛阳，生于湖北黄陂县，宋明理学的重量级人物。

既然是理学，自然讲究一个"理""天理"。二程认为天理是至高无上的，是创生万物的，是一个精神性的存在。这就有点儿像黑格尔的"理念"了。二程认为"气"是"理"的具体形式，"气"聚聚散散形成万物，但是"气"本身是"理"的具体体现。在二程那里，世界就是这个样子的。

在这些思想的基础上，二程提出了一系列伦理思想。既然天理是万物的根源，所以在人性之中，在万事万物的本性之中都是包含天理的。我们要做的就是"存天理、灭人欲"，弘扬人性中的善，消灭欲望；要"格物致知"，在万物中认识天理，达到"与物同体"的境界。

70. 朱　熹

朱熹其人

朱熹

朱熹（字元晦，一字仲晦，号晦庵、晦翁、考亭先生、云谷老人、沧州病叟、逆翁，1130～1200年），南宋徽州婺源人，中国著名思想家、哲学家、诗人，宋明理学和闽南学派的代表人物之一。提出"理气论"，著有《周易本义》等。

朱圣人的虐娼事件

"说不说！"狱卒见朱大人进来，更卖力地吼了一嗓子，举起鞭子狠狠地抽了下去。严蕊紧紧咬着殷红的嘴唇，没有吭声。

朱熹打发走过于亢奋的狱卒，找了个石凳坐了下来，上下打量着眼前的女人：头发胡乱披散着，脑袋有气无力地耷拉着，浑身上下湿淋淋的，也分不清是血水还是汗水，哪还有一点往日绝色名妓的风采。朱熹捋了捋胡子，慢条斯理地对严蕊说："你本来就是个妓女，就是招认了与唐仲友通奸，最多也不过是被打一顿板子，现在这样死不认罪，又是何苦呢！赶紧招了，我放你回家！"

"有就是有，没有就是没有，是非黑白哪是能随便颠倒的……"严蕊气若游丝，耳语一般地说："你这样颠倒是非，天理难容！"

"你知道什么天理！"朱熹突然发起火来，猛地站起来，嘴里含混地念叨着"存天理灭人欲"的句子，一拂袖转身出了牢房。

"唐仲友严蕊通奸一案并无实据。此案皆是秀才争闲气的结果，着朱熹、唐仲友分别调任他处。"钦差大臣岳霖正襟危坐，在大堂上朗声说道："营妓严蕊气节可嘉，判为从良。"

见没人说话，岳霖欠了欠身，对着严蕊问道："现在你被判了从良，今后要往哪里去啊？"

严蕊没有答话，她沉吟了片刻，在大堂上轻声唱起来：

"不是爱风尘，似被前缘误。花落花开自有时，总赖东君主。

去也终须去，住也如何住！若得山花插满头，莫问奴归处。"

半晌，大堂上发出一声低低的叹息。

生平和思想

提到道学家朱熹，大概很多人就要燃起对"存天理、灭人欲"的旧恨，就要想起烈女祠、贞洁坊、祥林嫂。朱熹啊，这个人太复杂，让我们慢慢说吧。

朱熹出生于福建。据说他老爸请瞎子算命，算命的人文绉绉地说："富也只如此，贵也只如此，生个小孩儿，便是孔夫子。"后来朱熹确实不负瞎子的重望，坐上了孔庙第三把交椅。朱熹小朋友从小聪明又好学，后来又师从名家，形成了自己的一套学说。朱熹热爱做官，仕途沉沉浮浮坎坎坷坷，当官儿的时候做了不少好事，缺德事儿也没少干，比如他在漳州做官的时候，规定所有女人出门必须用布遮住脸。朱熹的反面事例很多，比如上面说的朱熹虐娼事件，另外还有朱熹诱奸尼姑、儿媳事件，朱熹吹捧秦桧、主张投降事件等，反正什么乱七八糟的事儿都有，但是这些事儿到底是真是假，隔了这么多年，谁也不知道。反正朱熹那套东西太招人恨了，后人没事儿给他泼点污水也是相当有可能的。

朱老先生一生浮浮沉沉，临到最后，却凄惨得很。他左眼全瞎，右眼模糊，臂痛腹胀，泄泻不止。还要担心权臣韩侂胄的加害。又惦记着尚未编修完的《礼书》。朱熹离开人世的时候，门人散尽，只有寥寥几个人为他送终。至于把他尊为圣人朱子，位列孔庙第三把交椅，那都是他死了以后的事儿了。有时候哲学家是很悲哀的，被统治者当做个工具而已，有用的时候捧得老高，没用的时候就扔到臭屎堆里。

朱熹最核心的思想是"理气论"。他比较注重"无极而太极"的说法。这里的太极跟张三丰可没什么关系，太极其实还是一个"理"字，程朱理学，都是说一个"理"字嘛。这个"理"既是万物的本源，又是万物的运行规律，还是人间的伦理道德。"理"之下还有一个"气"，如果世界是一栋房子的话，"理"就是盖房子的图纸，"气"就是盖房子的砖瓦。这和二程的想法是一样的。这叫"理气论"。

既然"理"既是宇宙本源，又是伦理道德，所以我们就应该控制自己的私欲，"遏人欲而存天理"。从此一座座烈女祠拔地而起，中国人把"人欲"隐藏在了心灵最深处。"人欲"是不可能消灭的，"存天理灭人欲"的口号只能让大家把"人欲"小心藏好，成为一个个风度翩翩的伪君子。

71. 王守仁

王守仁其人

王守仁

王守仁（字伯安，号阳明子，世称阳明先生，又称王阳明，1472～1529年），明朝浙江余姚人，中国著名思想家、哲学家、文学家、军事家，心学的代表人物。主张"心外无物"的思想，后人编有《王阳明全集》。

新郎失踪了

在别人眼里，王守仁一定是个怪人——至少在老爸眼里，这绝对是个不成器的儿子。

王守仁先是跟他老爸说，爹，我决定了，要上书皇帝，求给我几万兵马，我要领兵出关，扫平鞑靼，为国尽忠。老爸盯着15岁的儿子愣了一会儿，"啪"，一个响亮的耳光甩过去：你以为你是谁！

过了几日，王守仁又来到老爸跟前：爹，我错了，我过去太不切实际了，现在我有了新的志向。王老爸那个激动呀——这儿子终于开窍啦："那你的新志向是啥呢？""我要做圣贤。""啪"，又是一记响亮的耳光。

不过王守仁从此倒是铁了心的要当圣人了。这一日，可怜的王爹爹突然发现，自己的儿子王守仁不吃饭不睡觉，站在自家院子里盯着一根竹子看了整整三天。"我要在这竹子中参悟大道天理呢！"

王老爹终于意识到，再把这个儿子留在身边，自己迟早要疯掉，只好给他安排了一桩亲事："儿子，你也不小了，该结婚了，去去去，收拾收拾行李，去洪都成亲去吧。"

　　洞房花烛夜。诸府上下张灯结彩、高朋满座。诸小姐穿着红袄，羞答答的低眉坐在房里，边上的闺蜜们嬉笑着叽叽喳喳，惹得新娘更是面如桃花。诸老先生在大厅里高声地跟宾客们寒暄，人逢喜事，精神矍铄啊。

　　"诸老先生可喜可贺啊！东床快婿现在何处哇？"

　　这一问，诸老先生发现一个非常严重的问题：婚礼少了一个关键性的人物：新郎。大家已经一天没看见王守仁了。

　　快去找！诸老先生发出一声呐喊，咳嗽着靠在椅子上。

　　花开两朵，各表一枝。话说王守仁大喜的这一天，王守仁起了个大早，在各屋里转了转，发现没什么事儿，实在无聊得紧，于是乎出门溜达去也。王守仁一边溜达，一边想着一个学术问题：如何成为圣贤。走着走着，前面出现一座道观，王守仁一抬脚进了道观，看见一个老道盘着腿在打坐，就找了个蒲垫，依葫芦画瓢地也开始打坐。王守仁这一坐，顿感天高海阔、杂念尽消，什么是大道，什么是天理？似乎那个答案离他更近了。此时的他还不知道，二十年后，在一个叫做"龙场"的蛮荒之地，他最终会顿悟，得到他想要的答案：心外无物、心外无理，大道天理都在心中。

　　王守仁打坐一坐就是一天一夜。第二天早上，诸府的家丁终于在道观里找到了新郎王守仁。王守仁懵懂地张开眼，疑惑地看着一群气喘吁吁的家丁，奇怪地问："你们找我干啥？"

"阳明洞"——王守仁悟道之处

生平和思想

王守仁绝对是个神奇的人物。

王守仁，别号阳明先生，明朝浙江余姚人，阶级成分是地主老财，据说还是王羲之的后代。10岁那年他老爸王华考中状元，于是举家搬去了北京。王守仁从小非常聪明，但是不好好读书，喜欢舞刀弄枪，还经常想些稀奇古怪的问题。21岁的时候王守仁中了举人，九年后中了进士，从此开始了坎坷的仕途生涯。他上书痛斥大太监王瑾，结果被关在锦衣卫大牢里，最后被贬到贵州龙场驿去做驿丞。贵州龙场在当时那绝对是个蛮荒之地，只有半开化的苗人居住。王守仁就是在那个地方完成了他的顿悟，形成自己的哲学思想，这在史上被称为"龙场悟道"。他在龙场的时候住在阳明洞，自称阳明子，所以后人都喜欢管他叫王阳明。

如果王守仁仅仅是个哲学家，他的生平说到这儿也就算到头了，但神奇的是，王守仁还是一个极其杰出的军事家。他最大的军事功绩是成功平息了宁王叛乱：王守仁率军剿匪的时候，正好赶上宁王叛乱，王守仁靠着只有对方十分之一的兵力，成功平息叛乱，生擒宁王。这场大战非常精彩，可惜我们这里不是军事课，只好跳过去啦。

王守仁是心学的代表人物。还记得理学的代表人物朱熹吗？朱熹说"存天理，灭人欲"。王守仁认为人欲是灭不了的，天理和人欲是一回事儿，天理不是外在的，天理就在我们心中。所以王守仁说"心外无物，心外无理"。套用西方哲学的话语，这是典型的主观唯心主义。心外无物嘛，王守仁说，比如一朵花，你看见它的时候它就是存在的，等你看不见它的时候，一切都归于沉寂了。一切东西，都只不过存在于我们心中而已。

有一段时间我的电脑桌面就是"心外无物"四个字。心无挂碍，注重内心的体验与修炼，而不要太纠缠于外在事物，这应该是那四个字给我的启示吧。

72. 王夫之

王夫之其人

王夫之

王夫之（字而农，号涨斋，别号一壶道人，1619～1692年），明末清初湖南衡阳人，中国哲学家、思想家。主张唯物主义思想和辩证法思想，著有《周易外传》《周易内传》《尚书引义》《张子正蒙注》等。

衡山起义

王夫之一夜没有睡着。他和衣斜躺在床上，眼睛却睁得老大，望着黑黢黢的天花板发呆。其他几个头领估计也跟他差不多，这种时候换了谁都睡不着的吧。

天快亮的时候王夫之终于迷迷糊糊起来，刚像是要睡着的样子，有人咚咚咚敲起门来。王夫之一惊，一骨碌爬起来，愣了一会儿神，赶紧穿了鞋子去开门。

"王头领，各营已经集结差不多啦！"

"好好好，我马上来。"王夫之搓了搓手，心里咚咚直跳，一半是激动，一半是紧张。

天刚蒙蒙亮，深秋的凌晨寒气逼人。王夫之深吸了一口清冷的空气，望了望四周影影绰绰的衡山，禁不住发起抖来。

"各位兄弟可都想好了吧？这可是掉脑袋的事儿，现在退出还来得及。"

王夫之一看，其他几个头领都已经到齐了，管嗣裘正慢悠悠地问大家。

"死也是死得其所，还有什么好说的！"王夫之远远地喊了一声，凑了过来。

管嗣裘见了王夫之，一下子高兴起来，指了指背后的树林说："王先生，各营都集结齐了，总该做个战前的动员吧。我们兄弟里面数你最德高望重，这动员该是你来做。"

王夫之没有推辞，转过树林，果然见一片空地上密密麻麻站满了人，穿着各色的衣服，有的拿着锄头，有的拿着镰刀，一个个直挺挺地杵着。

王夫之找了一块大石头爬上去，清了清嗓子冲人群喊道："诸位乡亲弟兄们，如今满人亡我国、灭我种，大丈夫当以身报国，唯有……"

王夫之说了一半，就听山外轰隆隆的声音，一个小将蹦跶着过来，冲王夫之喊："头领，不好了，满人的大军杀过来了，正往这边放炮呢！"

小将这一喊，空地上的人群顿时乱了套，四散跑起来，慌乱间不知道谁撞到大石头，王夫之摇晃了一下，从石头上跌下来。

生平和思想

王夫之是明末清初湖南人，祖上跟朱元璋打过天下，跟朱棣夺过皇位，做过点儿小官。王夫之的老爸考了一辈子八股，最后考上个"副榜"，算是候补举人吧。不过王夫之学习成绩倒一直很好，从小饱读诗书，早早就中了举。只可惜那个年代，偌大的中国已经放不下一张平静的书桌，明军、清军、李自成、张献忠，你打过来我打过去，整个中国已经成了一锅泪泪沸腾的稀粥。

在当时看来，清军入关，那就是异族入侵啊，中国面临着亡国灭种的危险。热血青年王夫之再也没法坐在书斋里读书了，他跟一帮朋友在衡山成立了起义军，要领军抗清。只可惜起义军刚准备出战，就被清军发现。一帮读书人领着一群农民组成的军队，很显然不是清军的对手，起义很快就被镇压了。不过还好王夫之逃了出来。

逃出来之后的王夫之在南明小朝廷做过一段时间的小官，最后被人陷害，只好流亡隐居。后半辈子，王夫之隐居在一个叫做石船山的地方，所以后人又管他叫做"船山先生"。王夫之后半辈子以大明遗老自诩，拒不剃发，拒不与清人交往，躲在深山里一心研究学问，倒是研究出不少名堂来。

　　初读王夫之的书，怎么看怎么眼熟——那分明就是中国古代版的辩证唯物主义。他认为物质性的"气"构成万物，而"理"就是自然规律；他强调运动变化，提出矛盾双方的辩证统一；他认为历史发展是有规律的，一代更比一代好……如果马克思先生认识王夫之的话，一定会引为知己。

后　记

　　我是一个怕死的人。小时候第一次知道自己早晚也会死的时候，我躺在床上辗转反侧彻夜难眠，浑身浸满汗水，心紧紧揪在一起，我没有办法接受，一个活蹦乱跳的我，一个如此独特的我，终有一天要消失，要归于沉寂。大概也是从那时候起，我开始想一些稀奇古怪的问题:死以后是什么样子? 人可以长生不老吗? 这个世界是真实的吗……我想，我之所以如此喜欢哲学，也许跟那时候的古怪想法有关吧。

　　其实人人都是哲学家。哲学这个令人纠结的东西，本身就是人类的原罪。我们不可遏止地想要去追问那些永恒的东西，那些超越当下的东西。这恐怕是世上最高贵的罪吧，因为正是它，使人成为人。哲学不是絮絮叨叨的苏格拉底，不是艰深晦涩的黑格尔，甚至也不是汪洋恣肆的尼采，哲学就是生活，哲学就是体悟，哲学就是我们。"人一思考，上帝就发笑"，这是我听过的最烂的谚语，因为我们的每一次思考，都是对"人"本身的确证。

　　这是一个"娱乐至死"的时代，所有的一切都在娱乐中消解了，我们在娱乐中出生，在娱乐中死去;我们漂浮在这地球上，却感受不到脚踏实地的归宿感，这正是"生命不能承受之轻"。正因为如此，我们比任何时候都需要回归精神的家园，比任何时候都需要哲学的慰藉。

　　在深邃无垠的哲学大海面前，我只不过是个在海滩捏泥巴的小孩。

我之所以冒着贻笑于大方的危险来写作，只是希望能有更多的人了解哲学，如果这本书甚至能够引发你的一点思考，那将是我最大的满足。请原谅我的才疏学浅，但至少我的态度是真诚的。

我小时候手绘了一本充满想象力的连环画，那是献给我父母的。作为我的第二本书，我想把这本小册子献给我的妻子姚颖，她不懂哲学，但她具有哲学家的气质。

庞育川
2011 年 10 月 于江苏教育学院